Le favole di

Fedro

via Zanica, 58 – 24126 Bergamo
Tel. 035.313.128 – Fax 035.314.315
www.edizionilarus.com

Le favole di

Fedro

raccontate ai bambini
da Beatrice Savino

LARUS

LE FAVOLE DI FEDRO

C'era una volta, molti e molti anni fa, il bel giardino di una semplice casetta di mare, tutta bianca. In questo giardino, sotto un bel melo in fiore, c'era un vecchio raccontastorie: si chiamava Fedro, era seduto sulla sua panchetta e stava raccontando una lunga favola alle sue nipotine che lo ascoltavano attentissimamente.

Era sempre la stessa favola, ma alle bambine piaceva tanto che Fedro la raccontava sempre uguale, con lo stesso dolcissimo tono. Era una storia d'avventura e di viaggi, di ricchezze e povertà, d'amore e di coraggio: era la sua storia. Una storia che era cominciata in un paese bellissimo e selvaggio, dalla terra scura e dai boschi magici e con un monte, dicono, su cui passeggiano le Muse, gli spiriti della bellezza, della poesia e del canto. Qualche volta, se incontrano qualcuno di davvero speciale, le Muse gli fanno un regalo fantastico: una voce che incanta o una memoria di ferro. Oppure, come era capitato a Fedro, il talento, davvero raro, di saper raccontare. Storie, storielle, favole. Ma non solo per grandi… Favole per imparare. Favole per ridacchiare. Favole per sognare. E ne aveva raccontate tante Fedro, con la sua voce chiara, a tanti bambini diversi: ai suoi amichetti nella lontanissima Macedonia; ai bambini principini della famiglia dell'imperatore di Roma, Augusto, di cui Fedro era stato schiavo; alla sua bambina, che era nata libera in quella bella casa sul mare, e ora alle sue nipotine che lo ascoltavano sedute per terra con due ciliegine rosse dietro le orecchie.

"Come stanno crescendo!" pensava Fedro, guardando con orgoglio le due belle bambine che giocavano col micio di casa. "Ma per me rimarranno sempre piccole, come la loro mamma che è sempre la mia bambina. Come spiegare a queste bimbe, a tutti i bambini, che cos'è il bene, e cos'è il male? Come far capire chi sono i buoni e chi sono i cattivi? Come raccontare che la vita, quella vera, è fatta a volte di bugia, inganno, paura, ma anche di coraggio, intelligenza, fantasia? E se fossero gli animali, a parlare, a raccontare, a sognare? A fare – almeno un pochino – la vita degli umani? Ah, le bambine capirebbero subito e si divertirebbero come matte!". Fedro prese la sua bella copertina verde, coprì per bene le bimbe e disse: "Bambine, ancora una favola? Ne ho una pronta pronta che è una cannonata!".

"Quella del vecchio poeta Esopo?" disse la bimba dagli occhi verdi. "Quella dell'imperatore bambino?" disse la bimba dagli occhi grigi. "No, bambine. Niente uomini, né principesse stavolta. Solo animali. Anche loro hanno diritto alle loro favole, no?".

Finalmente una storia nuova! E poi l'altra la sapevano a memoria. Erano bambine grandi, loro! Così Fedro cominciò a raccontare alle due bimbe sul mare, e per la magia delle amiche Muse continua ancora oggi a raccontare a te che leggi le sue storie, storie di buoni e cattivi, di lupi e agnelli, storie di grandi e di bambini.

Il cagnolino fedele

Era un caldo pomeriggio d'estate, il sole brillava allegro in cielo. Lungo una stradina sterrata camminava un vecchio contadino. Ogni tanto si fermava all'ombra di qualche albero, si asciugava la fronte imperlata di sudore, si riposava qualche minuto e poi riprendeva il suo viaggio. Si stava recando al paese vicino per fare qualche acquisto al mercato che, una volta al mese, si teneva nella piazza principale.

Nel centro del piccolo villaggio c'era tantissima gente.

C'erano banchetti con bella frutta matura, banchetti con lucidi pesci appena pescati, e tante verdure fresche, appena colte. Il contadino si guardò in giro pensando a che cosa comprare. Bene: avrebbe preso della carne e un paio di scarponi nuovi, e magari un po' di farina. Fortunatamente al mercato trovò tutto quanto gli serviva e prima di sera poté riprendere la strada di casa. Lungo il cammino il contadino si accorse di un cagnolino che gli trotterellava a fianco già da un po' e che scodinzolava felice.

"Ehi, piccolo, sai che non posso portarti con me... È vero che mi piacerebbe da matti, ma di sicuro hai già un padroncino" disse il vecchio.

"No, sono solo soletto... Vorrei tanto un padrone tutto mio" disse il buffo cagnetto.

"Beh, tutto sommato non sarebbe una cattiva idea: staremo benone, tu e io".

"Evviva! A casa, andiamo a casa!" ribatté il cagnolino al colmo della gioia.

Da quel giorno il contadino e il cucciolo divennero davvero amici per la pelle divertendosi moltissimo e volendosi sempre più bene.

Una notte di fine agosto era molto tardi, la luna piena illuminava d'ar-

gento i campi circostanti e in lontananza si udiva il canto dei grilli.

Il cagnolino dormiva tranquillamente nella sua cuccia appena fuori casa e dovunque sembrava regnare la pace.

Ad un tratto una voce d'uomo svegliò il cagnetto: "Ma guarda che dormiglione! Cucciolo... sveglia! Guarda che cos'ho qui per te... Tanti bei salsicciotti sugosi. Pappateli e zitto... Non vorremo svegliare il padrone, no? Su, apri la bocca... Ahm...".

Il cagnetto aprì pigramente un occhio, capì subito che era un ladro che stava parlando e gli disse: "Come no!! Così se ho i salsicciotti in bocca non riesco ad abbaiare, eh? Pensi davvero che tradirei il mio padrone per un po' di carnina? Eppoi ho già il mio ciotolone pieno!" e così il cagnolino fece un bel ringhio e cominciò ad abbaiare forte forte nella notte. In un battibaleno il ladro se la svignò e il cagnolino continuò la sua dormitina, sognando le coccole e i giochi col suo padrone. Anche il contadino dormiva tranquillo, sapendo che c'era un cagnolino fedelissimo e così speciale a fare la guardia.

Ci assicuriamo un'amicizia che vale quanto un tesoro, quando riponiamo il nostro affetto in coloro che lo meritano.

La rana scoppia d'invidia

C'era una volta una piccola rana verde che viveva insieme ad un allegro gruppo di rospi, girini e ranocchietti in uno stagno nei pressi della fattoria. La ranocchietta era molto ammirata perché era di un bel colore brillante e sapeva fare bellissimi salti.

Un caldo giorno d'estate, mentre il sole splendeva, gli abitanti dello stagno ricevettero una visita che non si aspettavano: era arrivato un tranquillo bue di campagna che abitava alla fattoria, non si allontanava quasi mai dai suoi pascoli, ed era più di un anno che non si faceva vedere lì allo stagno.

La ranocchietta era curiosissima e voleva proprio conoscere un vero bue. Ne aveva tanto sentito parlare ma era piccolina... Aveva solo sei mesi! E quando finalmente lo vide... Com'era grande! Che muso enorme! Che zampone grosse! E che bel mantello peloso! "Che invidia" - pensò la ranocchia - "così grande farà dei salti incredibili... Ma forse, se mi concentro un po' e tengo il respiro e mi gonfio... No, macchè, sono ancora troppo piccola! Un altro respirone, e forse ...". La rana tentò e tentò, gonfiò a più non posso la sua pelle lucidissima, fino a che non divenne quasi trasparente... Ma non era ancora abbastanza. Così la ranocchietta, guardando fisso il bue così grande ai suoi occhi, fece di nuovo un respirone, poi un altro un altro, un altro ancora e...bum! Eh sì, era proprio scoppiata... d'invidia!

L'invidia spesso porta le persone misere a imitare i potenti, ma non fa del bene a nessuno: né agli uni, né agli altri.

La volpe e il drago

Da qualche tempo una bella volpe dal pelo rossiccio stava pensando di ingrandire un po' la sua casetta, troppo buia e piccolina.

Molto spesso avrebbe voluto invitare qualche amica della foresta a bere una tazza di tè, ma poi si scoraggiava… La sua casa era proprio misera misera, con una sola stanzetta, ed era anche un po' disordinata.

"Mmm… È ora di allargarci un po'. Voglio un bel corridoietto lungo, un paio di stanzette in più per gli amici, una cantinetta per i salamini e una bella bibliotechina. Basta che scavi un po' a destra, poi a sinistra e...". Fu così che la volpicina cominciò a scavare. Scavò e scavò, finché non arrivò a una grandissima grotta. Ma non era una grotta qualunque. Era una grotta del tesoro!

"Ehi, ma che fortuna ho avuto! Scavavo per ingrandire la casa e mi ritrovo ricca!" disse la volpicina.

"Ahi ahi… Giù le zampe volpicina!" rimbombò all'improvviso una voce cupa.

La volpe rimase impietrita nel sentire quelle parole e si guardò in giro alla ricerca di chi le avesse pronunciate. E laggiù, mollemente sdraiato di fianco al magnifico tesoro, lo vide.

Era un grande drago verde con le narici del naso grandi grandi… A ogni respiro usciva un po' di fumo nero.

Era il guardiano di tutti quei tesori ed era chiuso là dentro da tanto tempo per ordine del dio Giove.

"Non tocco niente… Guardo e basta. Ma che magnifiche squame, che eleganza…" disse la volpe tutta gentile. Magari il drago le avrebbe regalato qualche bella monetina. Poi aggiunse ridacchiando: "e se ti aiutassi un po'? Avresti più tempo libero, potresti pensare un po' a te e…".

"Non capisco dove vuoi arrivare, ma sentiamo…" rispose il Drago che non si fidava per niente della piccola volpe rossa.

Coloro che sono sorretti da fede incrollabile difficilmente si lasciano ingannare o convincere a fare cose ingiuste. Essi sono i peggiori avversari degli imbroglioni.

"Ecco, se mi consegni metà del tuo tesoro, te lo custodisco io per benino. Ti assicuro che Giove non verrà a saperlo!" spiegò la volpe orgogliosa della sua astuzia. "Ah, pensi davvero che farei meno fatica se tu ti portassi via metà tesoro?" esclamò il drago arrabbiato "Mmm… sento puzza di bruciato… e non sono io!".

E soffiò una nuvolona di fuoco e fiamme dal suo nasone… Ma la furba volpicina se l'era già data a gambe da un pezzo... Ripensandoci, adesso sì che la sua casetta le andava benone!

Api e calabroni in tribunale

Mai prima d'allora era successo che a Mieledolce, una piccola contea ai confini del bosco, scoppiasse una lite così violenta. Erano api e calabroni che non smettevano di litigare. "Perbacco, questo favo è nostro! L'abbiamo fatto noi" esclamarono a un tratto le api operaie, visibilmente adirate.

"Figuriamoci! L'abbiamo fatto noi, bugiarde! Il favo è nostro, quindi andatevene e alla svelta" ribatterono tutti arrabbiati i calabroni.

La discussione andò avanti per più di mezz'ora, e, dato che non esisteva il modo di accordarsi, alla fine decisero di andare in tribunale. Si stabilì la data dell'udienza e, dopo una settimana, api e calabroni furono convocati davanti al giudice di Mieledolce: una vespa.

Quest'ultima era certamente la più adatta a prendere una decisione, dato che conosceva alla perfezione la vita degli alveari. Furono chiamati come testimoni grilli e cavallette che dissero di aver assistito alla scena e che quindi avrebbero potuto chiarire tutto. Purtroppo sia grilli, sia cavallette spiegarono di aver visto ronzare intorno al favo un gruppo di insetti alati a righe gialle e nere, ma sia le api che i calabroni sono così!

Intervenne allora la vespa, cercando di riportare l'ordine in tribunale. "Propongo di risolvere la causa nel seguente modo: dedicatevi voi calabroni e voi api alla costruzione di un favo ciascuno. La vittoria andrà a chi avrà costruito quello migliore". A quel punto i calabroni si rifiutarono di perder tempo nella costruzione di un favo, mentre le api si dissero già pronte a iniziare il lavoro. Allora la vespa non ebbe più dubbi, erano certamente le api le proprietarie del favo.

Spesso basta riflettere con calma per risolvere questioni apparentemente prive di risposta. L'importante è che non manchi la buona volontà.

La sposa Leprottina

C'era una volta Leprottina. Era davvero affascinante e graziosa... Piaceva proprio a tutti. Aveva un bellissimo pelo tutto bianco, morbido morbido.

Era così carina che due leprottini si innamorarono di lei, tanto da volerla sposare. I due leprotti innamorati erano molto diversi tra loro: uno era tutto nero con una simpatica codina bianca, mentre l'altro aveva un bel pelo marroncino e lucido.

Si trattava di due leprotti a modo loro entrambi simpatici, educati e generosi, ma se Orazio era noto ovunque per la sua incredibile ricchezza, Taddeo viveva invece in una modesta casetta in compagnia del suo unico vero amico: un asinello. Un giorno finalmente i due leprotti, preso il coraggio a quattro zampe, si recarono dal padre di Leprottina e, uno alla volta, tutti garbati e manierosi, chiesero la mano della bella.

Certo, erano entrambi due bei giovanotti, ma il vecchio signore fu senza dubbio colpito dalla grande agiatezza in cui Orazio diceva di vivere e, tutto malinconico, Taddeo fu costretto a tornarsene nella sua minuscola abitazione a farsi consolare dal somarello.

"Amico mio, che tristezza, sono stato messo da parte perché non sono ricco come Orazio!" si lamentava il leprotto innamorato.

"No, non piangere. A scegliere non è stata Leprottina, ma suo padre! Ciò significa che, nonostante la vita umile che conduci, lei forse ama te e non quel riccone" cercò di risollevargli il morale il ciuchino. Ma ogni parola fu inutile, Taddeo era inconsolabile e, come se non bastasse, per il paese si sparse subito la voce delle imminenti nozze tra la ammiratissima leprottina, e Orazio, il leprotto più benestante della zona. Quelli che seguirono furono giorni di vero dolore per il povero Taddeo dal cuore infranto.

Il mattino del matrimonio poi, mentre tutti gli animali erano in festa, allegri e briosi per la lieta occasione, Taddeo invece si vestì come se dovesse andare a un funerale. Eppure quella era una giornata davvero magnifica, tanto che quel cielo incredibilmente turchino metteva voglia di divertirsi a chiunque.

Stavano per avere inizio le celebrazioni delle nozze, quando all'improvviso il sole si oscurò, coperto da un enorme nuvolone grigio, e tutti gli invitati corsero a ripararsi, non appena cominciarono a cadere le prime gocce di pioggia.

Leprottina, chiusa nel suo bell'abitino bianco, fu soccorsa dal somarello di Taddeo e tratta in salvo, sotto quel temporale che sembrava volesse spazzare via ogni cosa. Intanto Orazio, spaventato da tutto quel trambusto, se ne stava tranquillamente rifugiato nella sua carrozza, maledicendo il giorno che aveva deciso di sposarsi.

Proprio in quel momento giunse il povero Taddeo che, preoccupato per la sua amata, voleva vedere se fosse tutto a posto. Cercava con lo sguardo la sua adorata leprottina, quando vide, comodamente in carrozza, il suo rivale."Ehi, che ci fai seduto in poltrona, mentre tua moglie magari è in pericolo?"gridò Taddeo, in mezzo alle raffiche di vento e pioggia.

Anche quando la situazione sembra sfuggirci dalle mani, non dobbiamo mai disperarci troppo: talvolta la fortuna favorisce gli uomini al di là di ogni speranza e aspettativa.

"Vuoi sapere la verità? Leprottina mi ha confessato che l'unico leprotto di cui sia veramente innamorata sei tu, e questa tempesta dimostra che anche il cielo la pensa così. Corri da lei, il tuo asinello ha già pensato a tutto, se sei pronto puoi sposarti anche subito! Tanti auguri!"concluse Orazio, ordinando al cocchiere di tornare a casa.

Il cervo alla fonte

C'era una volta un bellissimo cervo. Era tanto bello quanto vanitoso. Un giorno questo cervo stava passeggiando beatamente, guardandosi intorno con espressione rapita. Cammin facendo, decise di recarsi a una vicina fonte, per bere un po'. Ma come fu alle rive del ruscello, rimase talmente colpito nel vedere la propria immagine riflessa nello schermo limpido e trasparente che, come ogni volta, si fermò qualche minuto e si guardò ben bene.

"Come sono bello!" si diceva tutto fiero il cervo. "Guarda che occhi, che ciglia, che pelo! Che zampe, che orecchiette... E le mie corna? Guarda come sono nodose, forti e belle... altissime, poi!".

Ma, abbassando lo sguardo fu costretto a notare le sue zampette stecche, e subito comiciò a lamentarsi: "Accidenti, queste gambette non c'entrano niente! Sono così sottili...se fossero un po' più grosse sarei perfetto. Perfetto!" si ripeté convinto. Stava ancor pensando a quanto fosse bello, quando sentì un rumore strano: veniva da dietro i cespugli e, infatti, dopo un attimo, apparve un feroce leone, che voleva mangiarsi quel magnifico cervo. Cervo allora si mise a correre a più non posso, era più veloce delle nuvole al vento.

Non sempre, le nostre doti che più apprezziamo sono poi le più utili.

Corse per dirupi e salti, valli e prati fioriti. Alla fine si fermò per riprendere fiato e pensò: "Ma sono state le mie zampette così lunghe e sottili a salvarmi! Grazie...non parlerò mai più male di voi! E invece le mie bellissime corna non mi sono servite proprio a niente... anzi si impigliavano sempre nei rami degli alberi e nei cespugli sul sentiero! E per poco quel tremendo leone non mi prendeva!". Cervo aveva capito all'improvviso che la Natura pensa proprio a tutto e che bisogna essere davvero contenti di come si è.

IL PASTORE E L'ASINELLO

C'era una volta un vecchio pastore che pascolava le sue pecorelle in un bel prato tutto fiorito di tenere margheritine e impalpabili soffioni: c'era un venticello fresco e profumato e il sole non era troppo caldo. Una giornata perfetta. Però il vecchio contadino non era tranquillo... Appena sentiva un rumore strano, si girava nervosamente e passeggiava avanti e indietro: era infatti un contadino per niente coraggioso, che aveva sempre avuto paura di tutto. Soprattutto dei briganti. Aveva quindi addestrato il suo bell'asinello grigio perché lo difendesse come avrebbe fatto un bravo cane da guardia.

Il povero asinello, che era davvero molto paziente, non si era mai lamentato di quelle assurde paure, ma ora che anche lui stava diventando vecchio era un po' stufo di vivere sempre con le lunghe orecchie tese, e di abitare con un padrone tanto lamentoso.

L'asinello stava brucando tranquillo la fresca erbetta del prato, canticchiando tra sé e sé una vecchia canzoncina allegra, quando sentì uno strano rumore, come di qualcuno che si stesse nascondendo dietro la vecchia quercia nodosa: era di sicuro qualche brigante.

L'asinello continuò pigramente a mangiarsi una bella margheritina dolce, mentre sentiva le grida del suo padrone: "Ti vuoi muovere? Che cosa aspetti ad abbaiare... Oopos, a ragliare? Tira fuori i dentoni e scalcia!".

Per chi è obbligato a servire un potente, nulla cambia passando da un padrone all'altro, tranne forse il carattere di chi comanda.

"Figuriamoci! Io... sono solo un asinello! E sai che ti dico? Se arrivano i briganti, me la batto insieme a loro... Così non sentirò più la tua vocetta odiosa, non porterò più tutti i pesi che mi fai portare e - concluse l'asinello, che era un vero filosofo - farò la vita di un asinello d'avventura, non di un asinello da guardia!". Ma il vecchio contadino non poté sentirlo, perché era già scappato veloce più del bel vento di primavera che accarezzava dolcemente la schiena grigia del simpatico asinello.

Il cervo, il lupo e la pecorella intelligente

C'era una volta un bellissimo cervo. Aveva magnifiche corna, un bel mantello lucido e due occhioni luminosi: correva veloce ed elegante tra gli alti alberi del bosco e a volte si sdraiava pigro al bel sole d'estate, vicino alla grande roccia bianca sulle rive del fiume. Era sempre allegro e senza pensieri: quel giorno però era molto triste e trotterellava di mala voglia lungo il sentiero delle more selvatiche, e sospirava.

E mentre stava per mangiarsi un dolcissimo lampone di consolazione, arrivò il suo amico lupo che gli disse:"Che faccia triste! Come sei mogio mogio… Non hai neanche salutato la famigliola delle volpicine grasse"."Oggi sto così così… Ieri sera sono tornato a casa dalla festa delle fate e… mi hanno portato via tutto! Tutte le cosine buone della mia dispensa! Non mi hanno lasciato neanche una brioscina al miele!".

"Mmm… che cosa orribile! Deve essere stata la banda delle faine… Non c'è da fidarsi. Hai visto che facce? E quegli occhietti furbi! Però non disperarti… Ho io la soluzione! Una grande soluzione! Vieni, corriamo".

"E dove andiamo?"."Semplice, dalla pecora annoiata. Le chiediamo in prestito un po' di pappe e, ovviamente, non le riportiamo". E in un battibaleno furono nella grande radura dove dormicchiava al sole la pecora annoiata: il lupo l'aveva chiamata così perché non si divertiva mai ed era sempre lamentosa.

"Ciao pecora! Come stai?" disse amichevolmente il lupo."Al solito. Non si muove una foglia. Ah, che noia!"."Senti, volevamo chiederti un favore… Potresti prestare all'amico cervo un po' delle tue scorte? È stato derubato ieri… Non ti preoccupare: ti ridarà tutto, fino all'ultimo bignè. Garantisco io per lui" disse in un soffio il lu-

po. "Mmm… Fammi pensare: do le mie scorte, bignè, focaccine, frittelline, marmellata al cervo e tu mi prometti che lui riporterà tutto? Ma se quando vedo il cervo è sempre lì che corre veloce come il vento e quando vedo te non so mai se devo scappare io… Mi spiace, ma rispondo di no! Chiedete alla signora scoiattolo… quella si fida di tutti. E tu, cervo, dovresti vergognarti! Ma lo sai che amico ti sei fatto? Tra l'altro mi sembra di averlo visto gironzolare vicino a casa tua ieri sera. Su, smammate… mi state annoiando!".

Coloro che sono di indole buona non dovrebbero mai, neanche nei momenti di maggior bisogno, rivolgersi ai malvagi per un aiuto: rischiano di essere accomunati a coloro che hanno fama di imbroglioni.

E fu così che per una volta il lupo e il cervo dovettero andarsene a zampe vuote, ma ciascuno per la sua strada.

Il coniglietto vanitoso

Alla grande fattoria tutti gli animali stavano godendosi la bellezza della sera e il canto rilassante dei grilli di prato: le oche stavano raccontandosi storielle divertenti là sotto il granaio, i micini si stiracchiavano pigri e le mucche giocavano a contare le stelle mentre le pecorelle si divertivano a trovare forme alle nuvolette rosa del tramonto quasi finito.

Tutti stavano per andare a nanna, e si stavano augurando la buonanotte: mancava solo Coniglietto. Coniglietto era un coniglio cucciolo, vivacissimo e con due occhietti furbi ... ed era stato via tutto il pomeriggio e tutti erano un po' in ansia per lui. Ma proprio al sorgere della luna da dietro il cespuglio di more spuntò di corsa facendo piccoli saltelli gioiosi.

"Eccolo che arriva! Meno male! Ero già preoccupata!" disse con la sua vocetta acuta la bella gallinella rossa. "È sempre in ritardo quello!" disse il maialino un po' arrabbiato.

"Amici...eccomi! Eccomi! Eccomi! Ah...che giornata!".

"Coniglietto, ci hai fatto preoccupare! Ma dov'eri finito?".

"Mmm... sento che sta arrivando una bella sgridatina" aggiunse acidamente il maialino che sotto sotto era un po' geloso di Coniglietto perché, prima che arrivasse, era lui il piccolo della fattoria.

"Ma... mamma e papà invece saranno orgogliosissimi! Ho fatto tardi perché sono riuscito a battere il Veloce Leprotto nella gara di salto del fiumiciattolo! Potresti provarci anche tu"- disse Coniglietto al maialino -"ma forse tu puoi solo fare a gara a chi mangiucchia di più..."

Il maialino non sapeva più cosa dire e andò tutto triste a prendersi un po' di coccole dalla sua mamma.

Coniglietto non la smetteva più di vantarsi: che tecnica aveva usato! E Leprotto che alla fine era scivolato! E lui che era riuscito con un solo salto a superare il fiume! Un salto da tre metri!

"Coniglietto, sono già tre sere che arrivi tardi! - disse la mamma severamente - questa fattoria non è un albergo! Fila a nanna senza cena! Domani arriverai per l'ora della merenda e giocherai un po' coi tuoi fratellini e con Maialino... Non ti sei accorto che l'hai offeso?!".

Coniglietto alzò le sue piccole spallucce pelose e andò a nanna.

Il giorno volò via veloce e arrivò la sera: di nuovo Coniglietto non si vedeva.

Perché vantarci di imprese che non saremo mai in grado di affrontare? È più umiliante che la gente pensi che siamo imbroglioni che non ammettere i nostri limiti.

"Ci risiamo! Voglio proprio sentire che scusa inventa stasera!" disse la mamma.

"Eccomi mamma!" - era proprio la vocina di Coniglietto: stava arrivando di corsa.

"Non potete sapere che magnifica avventura ho avuto oggi! Ho fatto una gara con il cinghialetto selvatico! Ci siamo rotolati nel fango, morsicati, io gli ho tirato quei quattro pelucchi che ha sulla testa e... ho vinto!".

"Ah...davvero! Ma che bravo!" disse con un tono un po' strano la mamma "sei riuscito a battere un cinghialetto! E tutto da solo! E che cinghialetto era, visto che il cucciolo della signora Cinghialoni è a casa con un gran febbrone?".

Coniglietto, se avesse potuto, sarebbe diventato pallido... Ma era già tutto bianco. Si fece piccolo piccolo per la vergogna. "Ehm, in effetti, ho detto qualche bugia... La verità è che ho trovato un posticino bellissimo per giocare... vicino al grande pino argentato nel bosco... È pieno di pigne e di mirtilli. È che mi diverto così tanto che faccio sempre tardi. Maialino se ti va domani vieni anche tu, che dici?".

"Oh mi piacerebbe tantissimo! Magari facciamo la lotta e vediamo chi è il più forte!" rispose Maialino tutto soddisfatto.

"Mmm... preferirei di no!" rispose tutto vergognoso Coniglietto, che aveva imparato la lezione.

"Benone! Tutti a nanna, allora!" disse la gallinella rossa chiudendo pian piano la porticina verde della grande fattoria

IL CAVALLO DA CORSA IN VENDITA

C'era una volta un bellissimo cavallo da corsa. Era nero come la notte e veloce come una stella cadente: sfrecciava nelle corse dei cavalli e nessuno lo poteva fermare.

Era un campione, sia che corresse da solo, sia che corresse coi suoi compagni trascinando la bellissima quadriga oro e bianca, leggendaria ormai in tutte le gare.

Un giorno, dopo il solito allenamento, il padrone radunò i suoi quattro cavalli e li portò nella stalla. Il garzone li avrebbe strigliati per bene e poi avrebbero avuto la loro acqua fresca e un bel secchio di fieno profumato. Ma non appena lo stalliere lasciò soli i cavalli, un ladro entrò di nascosto e portò via il magnifico purosangue nero.

In un battibaleno il ladro era fuggito in sella ad un cavallo veloce quasi come il vento.

Il cavallo corse per valli e per campagne, per un giorno intero e una notte finché non arrivò alle porte di una città sconosciuta. Ancora due passi e il cavallo e il ladro si trovarono al centro del mercato: eh sì, il ladro voleva vendere il bellissimo cavallo.

"Oh no... Mi sta vendendo a un contadino?" disse tra sé e sé il povero cavallo, che aveva già capito che lo aspettava una vita ben diversa dagli applausi della folla, dalla polvere delle gare e dal fieno profumato della sua stalla tanto amata.

Il ladro era soddisfatto... Ma non poteva sapere che aveva venduto un campione della gare ad un contadino di paese. Il contadino, mettendo una rozza briglia al collo del cavallo disse: "Avevo proprio bisogno di un bel cavallo come questo per la macina del mio mulino! Sembra forte e robusto... Girerà in tondo tutto il giorno, senza fermarsi un attimo e io macinerò tantissimo grano... Ah, che bellezza!".

"Girare in tondo io, che sono un campione?! Attaccato ad una pesantissima macina grigiastra di un mulino! Te la faccio vedere io, se

Black

sono forte e robusto!".

E con gran sorpresa del contadino, che gli camminava a fianco, il cavallo si mise a correre talmente veloce che sembrava quasi non toccare terra... Corse e corse fino a non avere più fiato. Ma questa fu la più spettacolare delle sue vittorie. E il trofeo, questa volta il più prezioso di tutti, fu il trofeo della libertà.

La vita potrebbe riservarci tristi sorprese, ma l'importante è non perdersi d'animo. Talvolta poi, ciò che abbiamo appreso da esperienze precedenti può tornare a nostro vantaggio nel momento del bisogno.

I CANI GOLOSI

C'erano una volta due cagnolini amici per la pelle. Erano liberi e passavano le loro giornate allegramente, anche se talvolta provavano un pizzico di invidia, ma solo un pizzico, nei confronti dei loro amici che avevano un padrone.

Sarebbe stato bello trovare sempre la pappa pronta e calda e magari anche qualche coccola! - pensavano tra sé e sé i due amici, soprattutto quando avevano una gran fame.

E quella era una giornata i cui i loro pancini pelosi cominciavano a brontolare parecchio.

Stavano camminando tranquilli fianco a fianco quando:"Ehi: guarda laggiù!".

Poco sotto scorreva un fiumiciattolo e sull'acqua galleggiava qualcosa... Forse una bistecca? Di quelle succulente con l'osso? Possibile?

I due cagnetti si avvicinarono all'argine, non credevano ai loro occhi: eh sì, era proprio un bella bisteccona con l'osso... Ma era lontana e le acque troppo alte per due cagnetti randagi.

"Wow... senti che idea!"disse uno dei due cagnetti:"Beviamo tutta l'acqua del fiume, finché la bisteccona non toccherà terra!".

Bisogna pensare per benino alle conseguenze delle nostre idee! Un'idea sciocccherella porta inevitabilmente all'insuccesso!

I due cagnetti senza aspettare oltre, si misero a bere... bere, bere, bere... ma la bisteccona era sempre lì, l'acqua era sempre alta... Adesso i due cagnetti erano talmente gonfi, che sembravano due ranocchietti di stagno! Dopo un po' si guardarono, scoppiarono in una grossa risata canina e con le codine tra le zampe trotterellarono via.

La gallina scrittrice

C'era una volta una bella gallinella dall'aspetto paffuto e giocondo che viveva in allegra compagnia con tanti altri animali nella bella fattoria dal tetto rosso.

Fino ad allora, la sua vita tanto tranquilla le era piaciuta, ma da qualche tempo si annoiava un po'... Che fare? Disegnare? Ricamare? Cucinare dolcetti? Ma no... scrivere!

Eh sì, la gallinella pensava di avere un talento eccezionale per le storielle e le filastrocche: già vedeva il suo nome stampato a caratteri d'oro sulla copertina di un bel libro di favole per i cuccioli umani. Del resto, se c'era riuscita Mamma Oca coi suoi raccontini... perché non lei? Da quel giorno la gallinella si chiuse nel suo pollaio e lì lavorò sodo, senza voler vedere nessuno. Anzi, per essere sicura che nessuno la disturbasse, come una vera professionista, appese alla porta un cartello che diceva: "Gallinella al lavoro! Non disturbare!". Non passò molto tempo che finalmente la gallinella uscì con un bel fascio di fogli. Tutti gli animali corsero a vedere. Erano curiosissimi, infatti:"Facci vedere! dacci un assaggino di quello che hai scritto! Fa paura? Fa ridere?"."È una storia d'amore?" chiese la gattina rossa. Era molto romantica, lei. Ma la gallinella non rispondeva. Si dava un po' le arie di chi crede di essere già diventato una star.

"Non posso dire niente. Porta male... e poi, che sorpresa sarebbe?" rispose la gallinella."Ma dai... almeno il titolo!".

Alla fine la gallinella era un po' stanca di tutte quelle domande, ma le faceva piacere da matti essere al centro dell'attenzione. Quindi tirò fuori con cura il primo foglio e lo fece passare tra gli amici animali. "Ahi ahi... Non riesco a leggere" disse il maialino ."Che cosa c'è scritto? Non capiamo niente!" dissero in coro i topini."Non si riesce a leggere niente! Ma cosa hai usato per scrivere?" le chiesero tutti insieme gli animali.

"Ho usato le mie zampe, naturalmente. Vedete che calligrafia fantastica? Che letterine perfette! La storia poi è... semplicemente fantastica!" concluse commossa la gallinella.

"Beh, forse faresti meglio a raccontarcela! Noi non riusciamo a leggerla! Sembrano sgorbietti, non lettere. Scrivi proprio con le zampe di gallina!" risposero gli altri, prendendola un po' in giro.

È davvero saggio chi sa riconoscere i propri limiti senza prendersi troppo sul serio!

La gallinella, che aveva un delizioso senso dell'umorismo, non se la prese e cominciò a leggere la sua storia per filo e per segno... ed era una storia così bella e divertente che nessuno andò a dormire prima di aver sentito il finale.

La tartaruga

Era una bellissima giornata nel grande prato verde. Sulla polverosa stradina di campagna camminava con passo lento e tranquillo una grossa tartaruga dal faccino simpatico.

"Ohi ohi, che stanchezza! Sta diventando sempre più pesante per me portare sulla schiena questo guscio ingombrante. Come vorrei poter correre come gli altri animali!" si lamentava la tartaruga, ferma all'ombra di un cespuglio per prendere un po' di fiato.

Da qualche tempo la tartaruga si lamentava del suo bel guscio marroncino. I suoi amici animali erano molto più fortunati: Coniglietto saltava, Micio correva, Cavallo galoppava e Falchetto volava come la Compagnia dei Passerotti Canterini. Mentre lei ci metteva un giorno intero ad attraversare il grande prato verde.

"Ognuno di noi ha qualcosa di speciale... Tu hai il tuo guscio!" aveva cercato di spiegarle qualche amico della foresta volendo consolare la tartaruga che però non si convinceva.

Tartaruga stava ancora ferma a piangersi addosso mentre Scoiattolo le stava dicendo: "Sei bruttina quando piangi... smettila, prima o poi scoprirai la grande utilità del tuo bellissimo guscio e allora ringrazierai il cielo per averti protetto in questo modo".

Ma... non aveva nemmeno finito di parlare che l'aria fu attraversata dal volo preciso e rapido di una meravigliosa aquila reale. Scendeva in picchiata cercando di afferrare Scoiattolo che di corsa scappò sotto un cespuglio di more, bello grosso.

Ahi ahi... Sul sentierino era rimasta solo Tartaruga. E non è che potesse scappare a zampe levate! Poteva solo ritirare la sua testolina dentro la corazza, e aspettare.

"Ma che rabbia! Figuriamoci se riesco a tirarlo su

quel coso! È pesantissimo! Pazienza!" disse Aquila volando via.

"Allora che ti dicevo? Se sei nata con una corazza sulla schiena, vuol dire che ne hai bisogno!" commentò Scoiattolo ridendo, da dietro il suo cespuglione, non azzardandosi ancora a uscire allo scoperto.

Aveva proprio ragione lo scoiattolo! E Tartaruga si sentì molto fortunata e speciale, e – pasettin passettino – raggiunse l'amico scoiattolo per farsi una bella scorpacciata di more.

Non bisogna lamentarsi mai di ciò che ci ha dato Madre Natura: arriverà l'occasione in cui dovremo invece esserle grati per averci offerto le cose che possediamo.

La voce del pavone

C'era una volta un bellissimo pavone. Aveva colori magnifici e la sua coda sembrava ricamata di gemme preziose. Il pavone era convinto di essere fortunatissimo proprio perché era così elegante e bello. Ma un giorno, passeggiando per il giardino, sopra il roseto sentì un canto dolcissimo. Pavone aguzzò i suoi occhietti d'oro e vide che era un uccellino a cantare quella canzone così commovente. "Ma come? Se un uccellino così piccolo e tutto grigio, insignificante, riesce a cantare così, chissà io che sono così bello...!". Pavone gonfiò il petto e... orrore! Aveva davvero una voce terribile... era stonatissimo!

Pavone non riusciva a farsene una ragione... com'era possibile? Lui, così magnifico? Decise di rivolgersi alla dea Giunone per fare un bel reclamo: "Perché ho questa voce orribile? Non riesco nemmeno a cantare *Tanti auguri a te* alla mia mamma!" disse Pavone disperato. "E invece Usignolo, che è piccolo, brutto e grigio canta benissimo? Tutti lo ascoltano incantati. Invece, quando ascoltano me ridono tutti".

La dea allora per consolarlo rispose: "Le cose stanno così: lui è piccolo e grigio e tu sei bello e tutto colorato. Lui ha la voce e tu no. Non devi rattristarti per questo, tu che sei una gioia per gli occhi" concluse la dea accarezzando dolcemente la testolina del pavone.

Non perdiamo tempo a desiderare ciò che Madre Natura non ci ha dato, o finiremo per non apprezzare più nemmeno le nostre doti.

"Mi sembra inutile la mia bellezza se non riesco a cantare" insisteva Pavone con la sua vocetta irritante.

"È il destino che ha fatto le sue scelte: all'aquila ha dato la forza, all'usignolo la voce melodiosa, a te la bellezza... E tutti dovete essere contenti di ciò che avete ricevuto. E ora vai, altrimenti ti tolgo anche la coda, così poi avrai qualcosa per cui lamentarti sul serio!".

Pavone non se lo fece ripetere due volte, e corse a farsi un pisolino sotto la bellissima azalea fiorita.

Due amici e un ladro

C'erano una volta due amici affezionatissimi da molti anni: si chiamavano Marco e Paolo. Avevano frequentato le stesse scuole e avevano combattuto nella stessa guerra a fianco a fianco per giorni e giorni. Ora stavano proprio tornando dall'ultima battaglia e allegramente facevano progetti sulla loro vita futura, ricordando le tremende giornate nel frastuono delle armi. Era un tranquillo mattino di primavera e due chiacchiere sui pericoli passati erano proprio quello che ci voleva per apprezzare al massimo la tranquillità della campagna:"Oh, in guerra ho imparato un sacco... Penso che, ora come ora, saprei difendermi ad occhi chiusi, se qualcuno mi attaccasse!" aveva detto Paolo.

L'amico annuiva, ma non aveva mai creduto molto al coraggio dell'amico, e aveva anzi la segreta convinzione che fosse in fondo piuttosto pauroso.

Marco non dovette attendere a lungo per scoprire di avere ragione. Stavano infatti camminando attraverso il bosco quando furono attaccati da un brigante grande e grosso e cattivo. Il brigante stava facendo roteare un coltello affilatissimo mentre li guardava con due occhi di fuoco.

Paolo che aveva una paura matta, si svuotò le tasche e gli diede quanto aveva, poi, senza aspettare neanche un po', scappò, nascondendosi dietro un cespuglio.

Sulla via restava Marco, a faccia a faccia con il ladro. Il soldato non ebbe paura neanche per un attimo e si difese così valorosamente che il brigante cadde a terra tutto pieno di lividi e senza fiato neanche per chiedere pietà.

Dal cespuglio Paolo aveva visto tutto e, sicuro che ormai non ci fosse più pericolo, tornò allo scoperto, accorrendo verso l'amico esausto.

"Perché non mi hai chiamato?! Questo qui se la sarebbe passata malissimo!".

Poi, rivolgendosi al ladro, mezzo svenuto per le botte che aveva preso: "E tu alzati! Ti è andata bene! Ma lo sai che se ti avessi bastonato io... a quest'ora non saresti vivo! Il mio amico è stato fin troppo buono… ti ha risparmiato!".

Non si è forti solo quando le cose vanno bene, ma bisogna forse avere il coraggio di ammettere che il coraggio non è da tutti!

Il brigante se la batté, lasciando i due amici a discutere.

A quel punto Marco, che era stanchissimo, disse al compagno: "Ma dov'eri? Guarda che non ho avuto bisogno di parole, ma di rinforzi! Sei il mio migliore amico, ma spero proprio di non aver mai più bisogno del tuo coraggio… visto che non ne hai".

"Mmm… hai ragione. In guerra più che altro ho imparato a nascondermi e scappare! Però tu sei stato fortissimo…vorrei davvero avere il tuo coraggio, ma sono fatto così" concluse Paolo mentre, sotto sotto, anche Marco se la rideva.

Il cane e il tesoro

Alla grande fattoria dal tetto rosso quel giorno c'era grande agitazione sotto la veranda. Vicino alle stalle erano riuniti tutti gli animali e discutevano animatamente su qualcosa di veramente importante, a giudicare dal tono alto delle loro voci... Ah ecco, gli animali stavano parlando di un tesoro! Un antico tesoro nascosto nei prati vicino alla fattoria.

"Secondo i nostri calcoli, il tesoro dovrebbe trovarsi a due passi da qui, ma nessuno sa dove sia di preciso" stava dicendo Mucca.

"Dicono sia un tesoro da favola: diamanti grandi come mele, smeraldi come pesche e secchi da latte pieni di gioielli" disse Pecora, con aria sognante.

"Però la leggenda dice che solo uno tra noi, che sia però nobile di nascita, potrà trovare il tesoro e goderselo..." disse Toro. "E che succede se è un bastardino a trovarlo?" disse Micio, che era carinissimo, ma non aveva certo il pedigree. "Ah... non può proprio. Verrebbe colpito dalla maledizione dello Spelacchio". "Cos'è?" chiesero in coro tutti.

"Lo Spelacchio fa diventare l'usurpatore del tesoro tutto spelacchiato... cioè rimane con qualche chiazzetta di pelo e basta" rispose con aria sapiente Toro.

"Ooh... ma è orribile" dissero tutti insieme.

Ma Cane Pastore non si lasciò impressionare: era un bel cane di colore rossiccio, con il musetto un po' schiacciato. Insomma: un cane come tanti altri, anche se si divertiva a spacciarsi per cane di pura razza!

Cane Pastore pensò che, tutto sommato, i suoi amici della fattoria credevano alla storia che lui aveva raccontato, quella per cui lui discendeva da nobili cani pastori di un'antica regione boscosa... Quindi perché non tentare? E comunque lui era di razza... certo, la sua!

Unica e irripetibile…pensò divertito il cane, e chiese a Toro la mappa.

"Ecco, qua c'è la mappa del tesoro: segui tutte le indicazioni che ho scritto in fondo e... buona fortuna, mi raccomando, torna con un regalo anche per noi!" disse Toro consegnandogli una pergamena arrotolata, mentre faceva l'occhiolino ai compagni che a stento trattenevano le risa. Cane Pastore camminò per un po' attraverso i campi e, nel punto segnato sulla cartina, si fermò e prese a scavare con una eccitazione e una forza che non pensava nemmeno di avere.

Fece una buca profonda più di un metro e finalmente le sue zampone toccarono qualcosa di duro. Rimosse un po' di terriccio ed ecco apparire, dopo tanti sforzi, una cassettina di legno… Sembrava proprio una scatola del tesoro!

Questa favola dimostra che non bisogna mai vergognarsi delle proprie origini: chi ci vuole bene ci apprezza per quel che siamo!

La aprì tutto emozionato ed ecco, appoggiato su un cuscinetto di raso, c'era un grosso osso succulento! Sotto il cuscinetto c'era un bigliettino, questo sì, d'oro. Cane Pastore lesse tutto d'un fiato :"Niente tesoro e niente Spelacchio… In fondo sei nobile… di cuore! Ti basti solo questa bella lezioncina! Ne abbiamo abbastanza delle tue bugie. Firmato: i tuoi amici".

Già, se lo era proprio meritato questo scherzo. In fondo i compagni della fattoria gli volevano bene, anche se era solo un randagio. E sorridendo, con il suo osso in bocca, se ne tornò verso casa.

IL CALVO E LA MOSCA

C'era un volta un pastore che se ne stava tranquillamente seduto all'ombra di un grosso abete. Faceva tanto caldo, ma nella radura sotto l'albero si stava così bene. "Sono proprio fortunato" si diceva il pastore "la valle è così bella, le pecore sono tranquille, e io posso farmi un bel riposino, senza prendere il sole sulla mia zucca pelata!". Era quasi riuscito a prendere sonno quando cominciò a ronzargli intorno una fastidiosa mosca. Svolazzava felice e si posava in continuazione sul lucido capo del pastore.

Per un po' l'uomo fece finta di niente, ma siccome la mosca continuava a dargli fastidio, cominciò ad innervosirsi. Ma più il pastore si agitava, più l'insetto e si divertiva e continuava a fare un balletto sulla sua zucca pelata. Ad un tratto il pastore si alzò da terra e sbracciandosi in maniera davvero comica fece qualche disperato tentativo di liberarsi da quel tormento. Poi si mise a correre sperando in quel modo di seminare la mosca, ma quella volava molto più veloce di quanto ci si potesse aspettare. Allora tornò a sedersi; dopo un attimo la mosca si posò per l'ennesima volta sulla sua testa pelata e il pastore, con calma, tentando di schiacciarla si diede uno schiaffone.

Quella allora, ridendo di gusto, gli disse: "Accidenti! Se a me che ti facevo il solletico volevi schiacciarmi, chissà che cosa farai a te stesso per esserti dato uno sberlone?". Ma il pastore rispose: "Ma lo schiaffone era per te, moschicina impertinente!".

E, infuriato, si mise sulla zucca il suo vecchio cappellaccio, e portò le sue pecore il più lontano possibile mentre la mosca monella volò sull'abete, sbellicandosi dal ridere.

Questa favola ci raccomanda di perdonare sempre chi sbaglia involontariamente. È chi fa del male di proposito che merita una punizione, soprattutto se non ritorna sui suoi passi.

Il gallo presuntuoso

C'era una volta un baldanzoso e vivace galletto, capo assoluto del pollaio alla fattoria. Era l'unico maschio in mezzo a un gruppo di chiassose gallinelle e, proprio per questo, ogni sua parola era legge. Proprio per questo Galletto era convinto di essere meglio di tutti gli altri: toro, gatti, cane, conigli.

Era così presuntuoso che non era molto ben voluto e i compagni anzi cercavano di dimostrargli che non aveva alcun motivo per reputarsi migliore di loro.

"Ma chi credi di essere? Sei uguale a tutti noi e non hai diritto di darti tante arie" gli disse un giorno Tacchino, stanco come gli altri di subire l'arroganza insopportabile di Galletto.

"Senti Tacchino… sai perché sono meglio di voi tutti e soprattutto di te? Perché nel pollaio le galline fanno solo quello che dico io, non quello che ordini tu" rispose da vero antipatico Galletto con il petto in fuori e la cresta alta.

"Va bene, le galline danno retta solo a te, ma a parte loro nessuno ti può sopportare. Sei il capo sì… Ma solo nel recinto piccolo piccolo del pollaio!" sbottò Tacchino.

"Ma io ti dimostrerò che, se voglio, posso comandare anche sul resto degli animali, non solo sulle galline! Chiama i gatti e vedrai" rispose Galletto con voce ferma..

In un attimo si sparse per la proprietà la notizia di una sfida tra Tacchino e Galletto e l'aia si affollò di animali curiosi di vedere di che cosa si trattasse. Giunsero anche i gatti ignari di tutto, non immaginando nemmeno lontanamente quale fosse il loro compito in tutta la faccenda.

"Bene, ora che siete tutti presenti vi dimostrerò chi è il più Meglio, il Più, l'Eccelso… dell'intera fattoria" disse Galletto vantandosi un sacco.

Poi si voltò con aria da re verso i gatti e disse: "Guardate, qua c'è un carretto, ora dovete dirmi in tutta sincerità se siete disposti a trasportare, in un giro trionfale intorno al recinto, Toro. E Cane Pastore? E Mucca? E di Capra che cosa ne dite?".

I gatti chiaramente risposero scuotendo la testa: non sarebbero mai stati in grado di trascinare un carro con a bordo una mucca o un toro, e di Cane Pastore proprio non si sarebbero fidati.

L'eccessivo orgoglio di sé può portare l'individuo presuntuoso a credersi migliore degli altri, senza accorgersi che in tal modo corre il pericolo di cadere vittima di false adulazioni.

"Ecco, proprio come mi aspettavo! E se scarrozzate me che sono un galletto?" aggiunse il gallo, credendo che il rifiuto che i gatti avevano opposto poco prima dimostrasse che lo consideravano superiore.

"Miao... sì... ti trasporteremmo fino... in capo al mondo" risposero i gatti, già pensando solo a quanto sia saporito un galletto. "Visto, cosa vi dicevo? Sono l'unico che i gatti porterebbero a spasso volentieri, ciò dimostra che solo io ho il diritto di essere chiamato capo!" commentò stupidamente Galletto.

"Se io fossi in te, non sarei molto contento di essere portato dai gatti. Guardali un attimo: non ti sembra che abbiano un'espressione un po' strana? Guarda come luccicano i loro occhietti! Hanno la stessa faccia di quando la padrona riempie le loro ciotoline... ma può darsi che, visto che tu sei tanto importante, facciano un'eccezione..." concluse solennemente Tacchino. Galletto non aveva più parole, anche perché i gatti si stavano già leccando i baffi.

ALLODOLA E LA VOLPE

Nel folto del bosco c'era un meraviglioso abete. Era molto alto e i suoi aghetti sottili avevano un bel colore argentato. Da molto tempo era la casa di Allodola, ma un giorno il taglialegna decise di usare il legno di quell'abete per fare una deliziosa panchetta per la sua bambina. E fu così che Allodola si ritrovò senza una casa: era molto triste perché aveva amato tantissimo l'abete che era stato caldo rifugio nei lunghi inverni e fresco riparo nelle calde giornate estive.

L'uccellino aveva svolazzato tutto il giorno cercando un bel posticino tranquillo per il suo nuovo nido, ma nessun posto le era sembrato bello e sicuro come il suo vecchio abete. Visitò in lungo e in largo tutti gli alberi, tutte le siepi e i cespugli, ma non vi era nemmeno un angolino che le ispirasse fiducia e tranquillità. Ormai era quasi notte e il freddo era pungente: la piccola allodola decise di riposarsi un attimo e si posò a terra, riparandosi in un buchetto scavato da una radice sotto il tronco di un alto faggio: "Ma questo posticino va benone! Fa caldino e non devo neanche far troppa fatica per trovare qualche vermetto per cena!" disse un po' sorpresa l'allodola.

E dopo qualche giorno, vedendo quanto fosse contenta Allodola, anche le sue amiche decisero di cercarsi un nido a terra. Era molto più comodo e caldo! Lo pensavano tutte quante (infatti le allodole non costruiscono più il loro nido con pagliuzze di fieno, ramoscelli e fango, ma cercano sempre un'abitazione tra la sabbia e il terriccio dei boschi).

Un pomeriggio Allodola sentì che qualcuno si stava avvicinando al suo bel nido nuovo. E non erano i passettini leggeri delle altre allodole. Oh no… erano i passi felpati di una volpe rossa.

Allodola prima si fece piccina piccina (sperava che la volpe non la vedesse), poi spiccò il volo velocissima nel vento.

"Allodola… Ho saputo che hai una bella casetta nuova. So che tutti dicono che hai un gusto incredibile… Sei tanto elegante, tu! E dai, invitami per la merenda… ho qui due bei panini da riempire" disse in modo furbo la volpe.

"E con cosa li riempiamo?" chiese Allodola un po' insospettita.

"Non so… marmellata di grillo, un po' di burro…" continuò la volpe mostrando i suoi dentini affilati, ma l'allodola che non era affatto stupida continuava a svolazzare a una bella altezza, sicura di non essere raggiunta.

È importante ricordarsi di non prestar mai fede ai malvagi, soprattutto quando cercano di rendersi amabili con parole troppo gentili per essere sincere.

"Oh che bontà! Ho anche un po' gelatina di vermetti… di prima qualità! Se davvero ti piace e hai voglia di far merenda con me, basta che apri la dispensa e fai un salto quassù… Certo se trovi anche un bel paio di ali come le mie, fai prima!" disse la furbissima allodola ballando nel chiaro cielo d'estate, mentre la volpe rimase a terra con un palmo di naso.

IL LUPO E L'AGNELLO

Che magnifica giornata era quella! La primavera ormai era arrivata e il bosco era in festa: la fioritura era stupenda e le api facevano la loro speciale danza del miele mentre tutti gli animali si sentivano di ottimo umore.

In una bella radura, appena fuori dal bosco, un agnellino di pochi mesi, che da poco aveva imparato a essere un po' più indipendente, decise che quella era la mattina giusta per recarsi da solo al vicino torrente. Era un bel ruscello, fresco e cristallino, dalle acque limpidissime e invitanti. Proprio mentre l'agnellino stava per bere, sentì che una voce cavernosa, paurosissima, lo stava chiamando: "Ehi, tu, laggiù, che cosa fai qui al mio torrente?".

L'agnellino, sconcertato, alzò lo sguardo e vide sulla cima del ruscello un orrendo lupo, con la bocca spalancata e occhi rossi color del sangue.

"Non sapevo che questo fiume avesse un padrone" rispose il piccolino. Era sincero.

"Beh, adesso lo sai, vattene quindi, non vedi che mi sporchi l'acqua?" disse Lupo con un tono malvagio.

Balbettando l'agnellino rispose: "Ma com'è possibile che sporchi l'acqua?... Io sto sotto e la corrente scende dall'alto verso il basso". Il lupo, infastidito dalla risposta dell'agnellino, lo provocò dicendo: "Mi hanno detto che tu l'anno scorso hai parlato male di me!". L'agnellino allora cercò di difendersi dicendo: "Scusa lupo, ma non è possibile! Ho solo sei mesi!".

Contro la malvagità di certi uomini violenti e prepotenti, nemmeno l'innocenza a volte basta per riuscire a vincere.

Allora il lupo urlò: "Se non eri tu, allora era tuo padre!".

E senza dare all'agnellino il tempo di rispondere, se lo mangiò in un solo boccone.

Le rane e il dio Sole

Era un torrido pomeriggio di mezza estate, nella campagna tutto era silenzio; gli animali se ne stavano tranquillamente accovacciati all'ombra di qualche alberello e anche i contadini avevano deciso di prendersi un giorno di festa.

A un tratto la pace di quelle ore afose fu interrotta dalla galoppata di una volpe che arrivava tutta sudata.

"Ma con che coraggio Volpe corre per i campi, oggi che per il caldo non riusciamo nemmeno a stare in piedi?" si stava chiedendo la lepre spaparanzata nell'erbetta fresca.

"Devi avere proprio qualcosa di importante da dirci per essere arrivata qui, con la velocità di un fulmine" aggiunse con poco interesse il cervo.

"Non potete neanche immaginare che cosa ho saputo! Il dio Sole ha deciso che prenderà moglie! Domani ci saranno le nozze e noi siamo invitati!" rispose Volpe emozionantissima. "Dovrò farmi la zampicure e spazzolarmi per bene il mio bel pelo rossiccio!".

"Cosa? Quello scapolone di Dio Sole si sposa! Domani…! Questa sì che una bomba di notizia! Muoviamoci… alziamo le zampe e avvertiamo tutti!".

"Tu, ape, vola e porta l'invito agli animali oltre il fiume" ordinò Lepre. "Ronzo e volo… cioè passo e chiudo!" disse l'apina.

"E voi sbrigatevi… Dobbiamo avvisare tutti entro stasera" aggiunse Cervo che non era più tanto pigro.

Cani, gatti, scoiattoli, cinghiali, corvi, mucche, tutti accolsero il messaggio con immensa felicità: finalmente una novità, e tanto bella da far scordare per un po' il caldo insopportabile di quella lunga, interminabile estate. Le ultime a sapere la grandiosa notizia furono le rane. Lo stagno in cui esse sguazzavano era vicino… così per avvisarle fu scelto Tartarugone, che portò pian pianino la bella notizia.

"Ranocchie di tutto lo stagno, ascoltate! Non immaginerete mai che cosa ho da dirvi! Quando avrete saputo non vi preoccuperete più tanto di questo caldo infernale! Domani il dio Sole si sposa, siamo tutti invitati alle nozze... e al banchetto! Non è una notizia strepitosa? Sarà bellissimo… i fiori, la sposa, i confetti…"spiegò con aria sognante Tartarugone.

In tutta risposta le rane si misero a gracidare a più non posso, come se le stessero scannando. Tartarugone le guardò incredulo, non riuscendo proprio a spiegarsi una simile reazione.

Talvolta bisognerebbe essere capaci di guardare alle conseguenze future di un fatto che apparentemente sembra portare solo gioia.

"Ma non capisci proprio niente! Se già ora, che il Sole è soltanto uno, non si resiste per il caldo, figurati quando il dio avrà dei figli! Che disgrazia…" dissero amaramente le rane.

Tartarugone, riflettendo tra sé e sé, capì e all'improvviso non ebbe più tanta voglia di festeggiare.

La civetta e la cicala

Era già scesa la notte nella foresta: i raggi della luna a tratti filtravano attraverso le foltissime fronde degli alberi e quella luce, che a momenti appariva e dopo un attimo svaniva come per magia, creava un'atmosfera affascinante e misteriosa.

Nonostante l'ora tarda, nel bosco si sentivano ancora lontani fruscii, mentre la maggior parte degli animali aveva ormai preso sonno.

Non la civetta però, che di giorno dormicchiava al sicuro nel calduccio del tronco di un albero e che di notte volava cercando cibo.

Anche quella sera era andata a caccia e aveva la pancina piumosa bella piena. Ancora poco e sarebbe presto giunta l'alba e allora si sarebbe fatta una bella dormitina!

Erano le prime ore del mattino, e Civetta stava facendo bellissimi sogni nella sua casetta: sognava le sue sorelle civette e la sua mamma.

Gli altri animali erano già tutti svegli e si stavano godendo il sole caldo del mattino e la rugiada fresca era davvero deliziosa.

Tutto sembrava tranquillissimo... Ma la cicala che cantava a squarciagola stava un po' esagerando: non la smetteva più e stava iniziando un coretto con il grillo canterino quando la civetta, con un occhio giallo chiuso e uno aperto uscì di casa pregandola di abbassare il tono. Ma l'altra in tutta risposta si mise a cantare a voce ancor più alta, tanto che anche gli altri l'avrebbero volentieri cacciata fuori dal bosco. La civetta fece allora un altro cortese tentativo di ottenere un po' di silenzio, ma la cicala a ogni richiesta si eccitava ancora di più e modulava la sua stridula voce senza rendersi conto che invece tutti erano stanchi della sua stupida melodia.

La civetta allora, aveva capito che la tattica della gentilezza non andava bene e che bisognava giocare d'astuzia.

"Cara cicala, devo proprio arrendermi, ho capito se ci sei tu qua intorno, è impossibile dormire" disse Civetta."D'altra parte perché do-

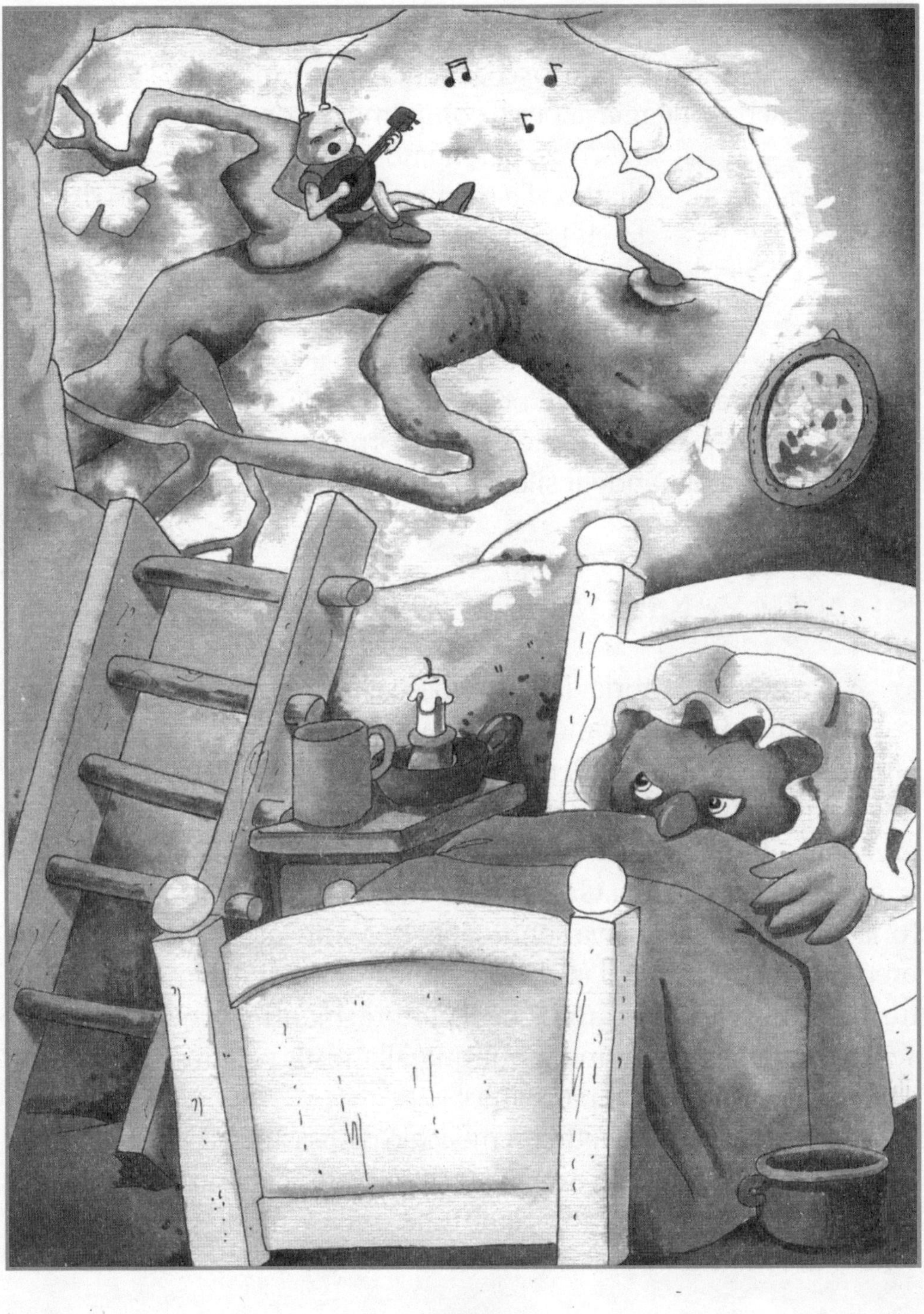

vrei riposare, quando sono così fortunata da poter ascoltare un canto così dolce, così armonioso, così delicato?". E la cicala, seduta sull'erba, già si pavoneggiava per il complimento ricevuto.

Quando con la gentilezza e la cortesia non si ottiene nulla, con i maleducati è concesso anche giocare d'astuzia.

"Anzi, perché non sali da me e insieme brindiamo alla tua bella vocina che è meglio di cento chitarrine?" chiese l'astuta Civetta.

La cicala, appena sentì la lode della civetta decise di volare fin nella sua tana. Non voleva certo rifiutare un invito così cortese e un brindisi alla sua voce. Ma poi nessuno seppe più niente di lei. Quel che è certo è che Civetta tornò quasi subito a dormire sognando il silenzio del bosco di sera.

LA DONNOLA NEL SACCO

Alla grande fattoria dal tetto rosso c'era grande agitazione. Tutti gli animali stavano buoni buoni nelle loro casette e Cane da Guardia girava nervosamente controllando che tutto fosse in ordine: il bel pollaio dalla rete bianca, la conigliera sotto il fienile, lo stagno delle anatroccole, la cuccia dei micini e la tana delle allodole.

Avevano tutti paura: Gatto aveva visto nei campi intorno alla fattoria una donnola e aveva sentito il Fattore dire ai suoi vicini con aria preoccupata:"Siamo nei guai!dobbiamo farci venire in mente un piano...". Gatto aveva aggiunto che il Fattore, mentre diceva queste cose, continuava a darsi una grattatina alla testa pelata... voleva dire che era proprio preoccupatissimo!

La donnola aveva già fatto un mucchio di disastri..."Disastri... omicidi piuttosto!" disse con aria misteriosa Gatto."Ha rubato nella dispensa della Signora Gentile, è entrata nella Grande Cantinetta dei salami del Maestro Bacchettoni e...".

Tutti gli animali stavano trattenendo il fiato per sentire il resto della storia: "So che dal pollaio della casa gialla sono scomparsi quattro pulcini e una gallinella" concluse a voce bassissima Gatto.

Le gallinelle nel pollaio si strinsero le une addosso le altre e Mamma Anitra nascose i suoi piccoli sotto le sue calde alucce.

"Dicono che… ehm… «lavori» di notte e che non lasci mai tracce… Ma starò col mio tartufone all'erta… Non appena si avvicina… Gnam!" disse con aria spavalda Cane Pastore, annusando l'aria.

"Mah… io mi fido del Fattore! Lui ci vuole bene e non permetterà che ci capiti niente di male! Riunirà i suoi amici, faranno un piano, cattureranno la bestiaccia e noi potremo fare delle belle nanne senza pensieri" disse con aria convinta Oca.

Ogni giorno i contadini si radunavano per riferirsi i risultati delle ricerche, ma purtroppo non c'erano mai buone notizie e la donnola intanto continuava indisturbata a compiere i suoi delitti.

Finalmente, dopo qualche giorno e qualche insuccesso il Fattore scoprì dove l'animale aveva il nascondiglio e la osservò, senza essere visto, per qualche giorno.

La donnola era veramente furbissima… e ingorda. Ma anche il Fattore era furbissimo e molto, molto paziente: aspettò e aspettò, seguendo la donnola a distanza, facendo meno rumore possibile e… Zac! La mise nel sacco proprio mentre stava per portarsi via una bella fila di salsicciotti!

La donnola, messa nel sacco e legata per benino, si agitava come un serpentello e, mentre veniva portata davanti a tutti gli altri contadini, cercò di escogitare un modo per non rischiare la pelle.

"Ho qui una bella sorpresina! Un regalino nel sacco! Signore e signori: vi presento Donnola, predatrice di marmellate, pulcini e salsicce… Iniziamo il processo" disse solennemente il Fattore. "Ascoltiamo i testimoni".

E furono ascoltate le versioni di Gatto che aveva visto Donnola entrare nel pollaio della Casa Gialla, di Toro che aveva visto Donnola rubare la formaggella dei topini, di Leprotto che aveva visto Donnola rapire una famigliola di allodole.

"Bene, abbiamo sentito l'accusa e le testimonianze. Sentiamo la difesa: Donnola cosa puoi dire per discolparti?".

Così la donnola fu fatta uscire dal grande sacco grigio.

"È tutto vero. Ma ho fatto quelle cose per aiutarvi. Non siete contenti che vi tengo pulite le dispense, elimino i topini, faccio un po' di pulizia insomma?!".

"Come no... E i furti dei salamini e del formaggio, come li spieghi?" chiese con tono insistente il Fattore.

"Mah... io mi preoccupavo per te, caro Fattore: ho pensato di assaggiare i tuoi salamini e i tuoi formaggi... Sai, magari non erano buoni e potevano farti venire un bel mal di pancia!".

La donnola era furba, ma non era il massimo come avvocato difensore. Infatti nessuno le credette.

Coloro che sono conosciuti per la loro cattiveria e crudeltà, non si aspettino di essere creduti quando cercheranno di proclamarsi buoni e onesti. È famoso il detto: il lupo perde il pelo, ma non il vizio!

"Donnola, viste le prove e le testimonianze, la giuria ha emesso il suo verdetto: sconterai la tua pena chiusa in cantina".

Donnola già si stava fregando le zampine dalla gioia e pensava: "Meglio di così! Mi mandano in cantina, tra tutti quei salamini e quei prosciutti. Starò come una regina! Al calduccio, e con la pancina piena! Certo che il Fattore è proprio uno scemotto".

Ma come se le stesse leggendo nel pensiero il Fattore concluse: "Sia portata nella cantina buia e vuota... a fianco della cantina dei salumi! Così ripenserà al male che ha fatto e dei salamini e del formaggio sentirà solo il profumino!".

E tutti gli animali e i contadini applaudirono: giustizia era fatta!

L'AQUILA, LA SCROFA E LA GATTA

C'era una volta nel folto del bosco una grande quercia tutta nodosa: era talmente bella e grande che, nascoste e protette dai suoi verdissimi rami, vivevano tre famigliole.

Proprio in cima c'era il nido di Mamma Aquila e dei suoi due pulcini pigolanti e dal capino arruffato.

Alla base della quercia invece, proprio dove l'albero aveva le sue nodose e centenarie radici, si era stabilita una Mamma Maialina con i suoi piccoli porcellini tutti rosa. In una bella tana tra i rami viveva invece Mamma Gatta coi suoi micini bianchi e neri.

Le tre famiglie vivevano felici, andando d'amore e d'accordo: erano davvero ottimi vicini e i cuccioli giocavano benissimo tra loro. A un certo punto, però, la Mamma Gatta, un po' invidiosa per il fatto che Mamma Maialina e Mamma Aquila sembravano unite da un affetto più saldo, decise di fare qualcosa per separarle. Mamma Gatta era molto furba: sapeva che sarebbero bastate tre o quattro bugie e Mamma Aquila e Mamma Maialina avrebbero litigato.

Chi per gelosia o semplice malvagità ha l'abitudine di inventare menzogne sul conto di altri, deve, una volta scoperto, essere giustamente punito.

Però non andò proprio così: è vero che Mamma Aquila e Mamma Maialina litigarono tantissimo e se ne dissero di tutti i colori... Ma alla fine Mamma Maialina raccontò che era stata Mamma Gatta a sparlare per prima di Mamma Aquila e anche Mamma Aquila si ricordò che era stata Mamma Gatta a sparlare per prima di Mamma Maialina! Le due amiche arrabbiatissime avevano capito che era stata Mamma Gatta a rovinare la loro amicizia e quindi smisero di parlarle e la trattavano come fosse invisibile.

Dopo pochi giorni Mamma Gatta, che non sopportava più l'indifferenza delle vicine e cominciava a sentirsi troppo sola, fece i bagagli e andò a cercare casa nella grande fattoria dal tetto rosso.

La volpe e l'aquila

Era festa grande nel bosco quella sera: gli animali stavano preparando ghirlande di fiori selvatici e le lucciole danzavano al chiaro di luna mentre le stelle erano grandissime e belle nel cielo. Si stava preparando una festa indimenticabile: i preparativi erano durati tutto il giorno e ora gli animali avevano solo voglia di divertirsi.

Già, ma che cosa si festeggiava? Si festeggiava la nascita di tre meravigliosi cuccioli di volpe, tanto attesi dai loro genitori. Tutti gli animali avevano preparato doni speciali per i tre volpacchiotti neonati: Cervo portò tre stelle alpine (erano rarissime e le aveva trovate in cima ad una roccia sopra un burrone), Civetta portò uno speciale cuscino di muschio notturno e camomilla perché i volpicini dormissero bene, e Scoiattolo tre noci d'oro.

Tutti stavano osservando il sonno tranquillo dei piccoli appena nati quando arrivò un'aquila a rovinare la gioia di quel momento.

"Forse è venuta a vedere i piccoli… Anche lei è diventata mamma qualche giorno fa" disse con aria poco convinta la saggia Civetta.

"Ma brava la mia amica Civetta. Hai indovinato... Sono venuta a vedere i volpicini. E li guarderò per bene, visto che devo sceglierne uno da portare al mio piccolo così si diverte un po' anche lui".

Gli animali della foresta erano ammutoliti e non fecero in tempo a dir nulla che Aquila aveva già preso un piccolo ed era già scomparsa nella notte. Volpe non perse tempo. Affidò gli altri cuccioli a Cervo e si mise a correre a più non posso.

Corse per tutta la foresta, attraversò il fiume, sorpassò la radura e arrivò fin sotto la grande roccia bianca che era la casa di Aquila.

Volpe si mise a gridare e a piangere e disse: "Aquila, ridammi il mio cucciolo… Ha bisogno del mio latte! È nato ieri, non può stare senza la sua mamma. Pensa se ti avessero portato via il tuo pulcino!".

"Senti… Io ho un solo piccolo e tu ne hai altri due a casa. Puoi benissimo fare a meno di uno! Rimarrà qui e crescerà con il mio piccolino" rispose l'aquila che non voleva proprio sentire ragioni. Poi, il suo aquilotto era così contento di avere un peluche vivo e vero da stringere.

Ma la volpe per nulla al mondo avrebbe rinunciato al suo piccolo. Durante la notte con pianti e lamenti fece risuonare per tutta la grande vallata il suo dolore di madre ferita. Persino la luna la guardava impietosita e sembrava splendere un po' meno.

All'alba però, quando ormai Volpe stava per tornarsene a casa completamente disperata, il cielo fu attraversato dal volo elegante di Aquila che, tenendo tra le zampe il piccolo volpicino, lo depose vicino a Volpe che ormai non aveva più lacrime.

"Ho pensato molto a quello che hai detto. Se qualcuno avesse portato via il mio piccino sarei sicuramente impazzita. Ti prego, perdonami. Pensavo di far del bene al mio piccolino, che è sempre solo" disse seriamente la grande e superba aquila.

L'amore materno è un sentimento che non ha uguali e dovrebbe sempre far intenerire anche il cuore dei più freddi.

Volpe si stringeva al cuore il suo cucciolo che ancora tremava tutto per lo spavento e non aveva parole. Non appena riprese un po' di fiato disse: "Aquila, sei una bravissima mamma, perché pensi prima di tutto al bene del tuo piccolo. E comunque i nostri cuccioli cresceranno insieme e si faranno tantissima compagnia e noi ci scambieremo consigli su come farli diventare grandi, forti e speciali come noi!".

Aquila era davvero commossa. Ma siccome era molto orgogliosa e non voleva che Volpe vedesse la sue lacrime di cristallo, volò via in alto in alto nel tondo del sole.

Le capre vogliono la barba

Nei verdi pascoli di un'immensa campagna fertile, alle pendici di una collina boscosa, viveva in serena comunità un gruppo di capre e caproni. Fino a qualche tempo prima c'era stata sempre una profonda amicizia tra gli animali, ma già da alcuni giorni tra maschi e femmine c'era un po' di disaccordo.

Le capre, convinte che ai loro compagni maschi fossero sempre riservate maggiori attenzioni, se ne stavano in disparte tutte invidiose. I caproni, da parte loro, non pensavano affatto di essere i più fortunati e, anzi, cercavano di far capire alle amiche che in fondo i lavori più pesanti spettavano sempre ai maschi. Le capre però non volevano sentire ragioni e stavano già pensando di rivolgersi al dio Giove per ottenere la parità con l'altro sesso.

Giove dopo molte insistenze si sentì quasi costretto a dare loro quanto chiedevano e da quel giorno anche le caprette ebbero la barba. Quando queste tornarono ai pascoli tutte soddisfatte – ah sì, erano proprio uguali ai maschietti! – i caproni, vedendo la loro barbetta, si indignarono e decisero di mandare un messaggio a Giove, per lamentarsi. "Non troviamo giusto il regalino che avete fatto alle capre. Ora che anche loro hanno la barba credono di essere come noi e credono di essere le padrone del pascolo!" disse a Giove il caprone messaggero.

Non importa se alcuni ci vogliono imitare nell'aspetto esteriore, ciò che ci distingue gli uni dagli altri è l'indole.

"Cari miei, non ho potuto fare diversamente: insistevano talmente che non me la sentivo di negare loro un piccolo favore" rispose il dio seduto sul suo trono d'oro. "Lasciate pure che siano fiere della loro barba, resta il fatto che l'energia e la forza che voi avete, loro non l'hanno certo acquistata con un po' di peli sotto il mento!".

Due uomini: uno calvo, l'altro pelato

C'era una volta un uomo. Si chiamava Lucio ed era simpaticissimo: solo a vederlo metteva addosso il buonumore. Aveva infatti la zucca tutta pelata, lustra lustra come la luna, e un sorriso enorme.

Un bel pomeriggio di primavera decise di andare a pesca: era una cosa che gli piaceva tanto! Si avviò quindi lungo una stradina sterrata che costeggiava il bosco, con la sua canna da pesca in spalla e nella mano un secchio di legno che già immaginava pieno zeppo di trotelle di fiume.

Mentre passeggiava, fischiettando allegramente, si imbatté in Virgilio, suo amico carissimo dai tempi della scuola. Era un ometto piccolino, con un gran nasone e una testa se possibile ancor più pelata di quella di Lucio. Come si videro subito si salutarono con il solito affetto.

"Ehi, carissimo! Come stai? Dove stai andando?" si dissero a vicenda, dandosi una bella pacca sulla spalla.

"A pesca! Sento che oggi mi pappo due trote e un salmoncino!" rispose per primo Virgilio.

"Anch'io! E io sento che a pranzo mangerò tre trote e due salmoncini" disse con aria divertita Lucio... Avevano sempre fatto a gara di tutto, da quando erano bambini.

Fatti pochi passi, all'improvviso si fermarono entrambi. Lasciarono cadere a terra canne da pesca e retini e in tutta fretta si precipitarono in un punto poco distante.

"Molla amico, lascia stare, l'ho visto prima io, è mio!" esclamò Lucio, dando un bello spintone a Virgilio.

"Figuriamoci! Levati, zuccone! L'ho visto prima io! E comunque sei un bugiardo... l'ho visto prima io ti dico...è mio quindi!" ribatté Virgilio gridando. "Senti chi parla! Come puoi dire che sia tuo, quando

il primo ad averlo visto sono stato io? Basta! Non sei più mio amico"fece Lucio in tutta risposta. Incredibile! Dopo quarant'anni di affetto fraterno Lucio e Virgilio stavano litigando, ma la cosa ancor più straordinaria era che...litigavano per un pettine! Ma se in due non avevano neanche mezzo peletto in testa!

"Avanti, dammelo, ti ho detto che è mio!" insisteva Lucio prendendo l'amico a ginocchiate!

"Neanche per idea! Mollami!" rispondeva Virgilio, disposto a definire la questione anche con le botte, se necessario. Insomma, proprio mentre discutevano animatamente su chi dovesse tenersi il pettine, passò per quel viottolo un ragazzino che, sghignazzando, si caricò in spalla le canne da pesca, raccolse da terra secchi e reti e, ridendo, disse loro: "Ehi, mentre voi, per uno stupidissimo pettine, finite di strapparvi gli ultimi capelli che vi sono rimasti, io me ne vado a pesca!".

E in tutta fretta si mise a correre verso il torrente. A quel punto Lucio e Virgilio si guardarono negli occhi e scoppiarono a ridere, segno che finalmente avevano capito che per un pettine avevano perso le loro belle canne e il buon pranzetto di pesce.

Spesso anche i più cari amici si mettono a litigare per questioni magari poco importanti, ma se il sentimento che li unisce è davvero profondo non c'è rischio che una lite qualunque rovini il loro legame.

La lepre e il passero

C'era una volta una magnifica lepre, amante delle corse all'aria aperta e delle scampagnate con gli amici della foresta. Quel giorno di fine settembre, non trovando compagnia, decise di fare una passeggiata solitaria per le strade del bosco. Cammin cammina, si imbatté in Passerotto, un uccellino allegro e chiacchierone, sempre convinto di saperne più degli altri.

"Ehi Leprottina! Che ci fai da queste parti?" chiese Passerotto.

"Sono uscita per fare quattro passi. È una giornata bellissima!" rispose la lepre, che avrebbe preferito continuare per la sua strada. Passerotto infatti non le stava molto simpatico, aveva la fama, tra l'altro, di essere un gran pettegolo: non la finiva mai di parlare, degli altri soprattutto!

"Raccontami un po', è successo qualcosa in quest'ultima settimana dalle tue parti?" insisteva Passerotto.

"Beh, non è accaduto niente di particolare, almeno, non mi pare" rispose tranquillamente Leprottina, cercando di non dare molta corda all'uccello intrigante.

"Eppure ho saputo che giovedì scorso sei andata alla gara di velocità, il torneo Zampette Scattanti, vero?".

"Già, quasi dimenticavo, è stato proprio un bel torneo. Credo di non aver mai corso tanto velocemente in vita mia, e infatti ho vinto".

Leprottina era molto modesta e non le piaceva vantarsi troppo della sua bravura. Preferiva tenersela per sé.

Mentre cercava di svicolare dalle domande irritanti di Passerotto, una grande aquila si fiondò su di lei e la ghermì coi suoi grossi artigli. Leprottina era morta di paura ma Passerotto ancora non la smetteva: "Ma sei hai vinto il torneo Zampette Scattanti perché non le hai fatte scattare quelle zampette?" disse Passerotto, con tono acido.

Passerotto proprio non sapeva tenere il becco chiuso, e l'aquila,

stanca di sentire la sua vocetta antipatica, finì per lasciar andare Leprottina e si diresse a volo sicuro su Passerotto.

Passerotto non riuscì nemmeno a finire la frase cattiva che aveva pensato di dire che l'aquila l'aveva già portato lontanissimo ed era scomparsa nell'azzurro del mattino.

Molto spesso è di gran lunga meglio badare a se stessi piuttosto che pensare alla sorte del nostro prossimo e magari ridere delle altrui difficoltà.

LA GITA IN MARE

Era ormai estate, le scuole volgevano al termine e nell'aria pareva quasi di sentire odore di vacanze.

A Topilandia, un piccolo paesello abitato solo da tanti allegri topini, l'agenzia di viaggi Topitour aveva organizzato una gita in mare di cinque giorni. Le condizioni per iscriversi alla vacanza erano vantaggiosissime. I prezzi erano stracciati e la crociera sembrava magnifica!

Finalmente venne il giorno della partenza e trenta topolini, con la loro valigina e le loro macchine fotografiche, si trovarono sul molo del porto di Topilandia, in attesa che arrivasse la nave. Stavano partendo per la nuova avventura. Faceva parte della piccola comitiva anche Topino, un topolino bianco e nero, noto in città per essere un grande artista, poeta e autore di romanzi, e tutti si sentirono onorati di viaggiare in compagnia di un topo così speciale.

Finalmente tutti i topini erano arrivati sul molo e tendevano le orecchiette al grande megafono del porto: "L'agenzia Topitour è lieta di augurare buon viaggio a tutti i suoi clienti. La Toponave Splendor è in porto. Si parte tra dieci minuti".

Il messaggio fu accompagnato da grida di gioia da parte dei piccoli turisti, che cominciarono a saltellare sulla banchina, tutti eccitati.

Dopo un attimo l'altoparlante ripeté l'annuncio, quindi il vivace gruppetto si guardò intorno alla ricerca di una Toponave Splendor, ma davanti a loro c'era solo una piccola barchetta con le assi un po' storte e la vernice tutta scrostata.

"Ehi, ragazzi, ma dov'è la nostra nave?" disse uno della compagnia, non trovando alcuno Splendor.

"Cerchiamo con attenzione, deve pur esserci, da qualche parte" rispose un altro.

Ma più si guardavano intorno, più gli occhi senza volerlo cadevano sulla piccola barchetta mezza rotta.

Finalmente Topone, che forse era più coraggioso degli altri, si avvicinò alla scialuppa e guardò per benino il nome."Amici miei, prendete i vostri bagagli e imbarcatevi: è questa la nostra Splendor!" disse alla compagnia Topone, molto deluso.

Alla notizia seguì un silenzio imbarazzante: probabilmente tutti si immaginavano di viaggiare a bordo di un bel transatlantico da crociera. Ma dopo un attimo di sconcerto i topini presero le loro pesanti valigie e uno per uno salirono sulla Toponave. Alla fine salì anche il famoso Topino, che, mani in tasca, senza valigia, prese posto sulla barca.

Molto spesso gli uomini mostrano un attaccamento eccessivo nei confronti delle cose materiali e non si rendono conto che la ricchezza maggiore sta nei sentimenti e nei pensieri.

"Topino, perché non hai preso i bagagli?" gli chiesero tutti.

"Il costo del nostro viaggio parla da sé, a così basso prezzo c'è da sospettare che ci capiti un naufragio o qualcosa di simile. Beh, in tal caso io non dovrò perder tempo a cercare le valigie, avrò modo di pensare a come salvare me stesso. D'altra parte le cose più importanti e preziose io le ho qui con me, nella mente, non nei bauli" rispose Topino.

"Già. Probabilmente ha ragione" pensarono tristemente gli altri topini. Forse avrebbero dovuto capire che dietro il prezzo stracciato si vendeva un inganno e che nella vita, così come nel viaggio, il meno è quasi sempre il meglio.

Il toro e il vitello

C'era una volta un'immensa fattoria al limitare della foresta. In quei giorni era nato da poco un tenero vitellino. Era piccolo e a fatica si reggeva sulle sue magre zampette. La sua mamma era molto fiera del cucciolo e gli stava già insegnando con grande affetto e pazienza a camminare, correre e ogni altra cosa utile per cavarsela in ogni situazione.

In poco tempo Vitellino imparò tantissime cose e gli piaceva assai fare il saputello e dare consigli ai suoi amichetti della fattoria. Tutti apprezzavano la sua gentilezza e ammiravano la sua intelligenza e la sua cultura, anche se era così giovane! C'era però qualcuno che era molto infastidito dal successo di Vitellino: era il grande toro nero che forse era un po' geloso. "Non riesco proprio a capire che ci trovano gli altri in quel vitellino lingua lunga! Ma se sa ancora di latte...!" ripeteva con rabbia Toro, non credendo che Vitellino fosse davvero tanto speciale.

Un giorno il toro tornava da una passeggiata e si trovò a dover attraversare un ponticello che era molto stretto.

Cominciò allora a dibattersi riuscendo a fatica a districarsi tra le sponde del ponticello. Finalmente, dopo qualche tentativo fallito, arrivò al termine del ponticello. E lì c'era Vitellino che lo aveva osservato con attenzione: "Avresti dovuto fare così e ci avresti impiegato la metà del tempo ad attraversare il torrente" spiegò Vitellino mostrandogli in che modo piegarsi in un'altra evenienza simile.

"Come vedi me la sono cavata senza il tuo aiuto, e non è il caso che tu dia consigli a me su cose che ho imparato quando tu non eri ancora nato" rispose il toro.

"Forse non sai che tutti mi ascoltano quando hanno un problema. Io so tantissime cose! Sono un vitello prodigio e ho quasi un mese, io!" disse Vitellino, arrabbiandosi un po'. "Sai tante cose, certo, ma so-

no cose capitate agli altri, non a te personalmente. Come puoi spiegare a me in che modo districarmi con le corna nei passaggi stretti, se le tue corna quasi non si vedono?" concluse il toro, soddisfatto di aver dato una bella lezione al vitello presuntuoso.

E da quel giorno Vitellino imparò che non sempre si può mostrare di sapere ogni cosa, soprattutto se chi ci sta davanti è più maturo e ha più esperienza di noi.

Anche se crediamo di sapere tutto di tutti, dobbiamo avere il coraggio di ammettere che esiste sicuramente chi è più saggio ed esperto di noi.

Il lupo e il cane

C'era una volta un cagnolino simpaticissimo con una buffa codina smilza e due orecchiette enormi.

Questo cagnolino, che era molto fortunato perché viveva in una bella casetta gialla con un delizioso giardinetto fiorito, amava molto trotterellare a zonzo, inseguire le farfalle, giocare a nascondino con Micio, starsene pancino all'aria a godersi il sole d'estate.

Però un giorno questo bel cagnolino inseguì un bellissimo maggiolino d'oro fin oltre la grande siepe: era molto lontano da casa e molto vicino al bosco oscuro.

Cagnolino aveva smesso di giocare: aveva molta paura e zampettava piano piano per non fare troppo rumore.

Ma proprio dietro il grande tiglio un grande lupo grigio lo stava aspettando.

"Ma guarda che bel cagnolino! Ti sei perso, piccino?" disse Lupo con una strana luce negli occhi e spalancando la sua boccaccia tutta denti.

Cagnolino era molto spaventato. "No, no... sono solo un po' lontano da casa, tutto qui" disse Cagnolino con un filo di voce.

"Hai una gran fame, vero? Anch'io, è quasi ora di pranzo..." disse Lupo con la bocca sempre più aperta.

"Mmm... è vero! Ma so dove possiamo trovare ottimo cibo e acqua fresca" disse Cagnolino.

"Ah, sì?! Allora forse potrei seguirti...e farti compagnia a pranzo!" disse il Lupo che guardando bene Cagnolino lo aveva trovato un po' troppo magro, pelliccia e ossa. Magari avrebbe potuto mangiare di più dove diceva Cagnolino.

Cagnolino e Lupo si incamminarono verso la casa gialla senza dire una parola.

Cagnolino aveva il cuore che batteva a mille per la paura, ma dopo che ebbero attraversato il ruscello argentato, dopo che ebbero passato il boschetto di castagni e il prato delle margherite, furono davanti allo steccato rosso della casa di Cagnolino.

"Mmmm... sento profumino di salamini alla griglia e... di prosciutto! Dai, entra, la mia padrona ti darà una bella ciotolona piena... poi ti metterà un bel collare verde, ti darà una bella cuccia e ti legherà a una bella catena d'argento. Allora, entriamo, che ne dici?" aggiunse l'astuto cagnolino, che aveva capito che Lupo proprio non era fatto per la vita di casa.

"No, no grazie! Sei troppo generoso... Ma la mia libertà costa un po' di più di un piatto di salsiccette! Meglio magro che alla catena!" disse orgogliosamente Lupo scappando per i prati.

Questa favola dimostra che per ciascuno di noi la libertà è qualcosa di diverso: per alcuni è non avere barriere intorno, per altri è avere un giardino e un piatto caldo. Entrambe le idee vanno rispettate.

La mosca e la mula

Era un torrido pomeriggio di piena estate e il Fattore si stava recando al paese vicino per portare dal falegname una vecchia credenza di legno di faggio: non gli piaceva più tanto e aveva deciso di venderla. Così, a bordo del suo carretto, trainato dalla fedele mula, rifletteva su cosa avrebbe potuto comprarsi coi soldi della vendita: magari una bella panchetta o una sedia a dondolo!

Si trovarono in quel momento ai piedi di una ripida salita, in cima alla quale aveva inizio il confine del villaggio. La mula però, forse per il gran caldo, forse per il carico così pesante, andava sempre più piano e cominciò a far davvero molta fatica per salire.

Il padrone allora scese dal carro credendo di aiutare la mula, ma la poverina, per quanto si sforzasse, non ce la faceva più. Aveva una sete terribile e il caldo era davvero insopportabile.

A un certo punto una mosca volò sulla testa della mula e le disse: "Vergognati, ma come sei lenta! Avanti, muoviti! Cerca di andare più in fretta! Devo forse ronzarti addosso tutto il tempo?" pensando così di minacciare la povera mula.

"Credi davvero che tu, insignificante come sei, possa darmi fastidio? Ho provato tante volte il frustino del mio padrone e tu mi faresti il solletico in confronto! Ora il mio problema è cercare di fare questa salita… non di dar retta a un insetto antipatico come te!" rispose la mula, scrollando il capo così violentemente che la mosca finì a dieci metri di distanza!

Questa favola è un prezioso consiglio per coloro che, pur non avendone motivo né la possibilità, si divertono a far minacce inutili, senza rendersi conto che non spaventano nessuno.

I CANI E I COCCODRILLI

C'era una volta, nel lontanissimo Egitto, una famigliola di cani che abitavano proprio sulle rive del bellissimo fiume Nilo: avevano sempre vissuto spassandosela un sacco, tra i verdi canneti e il sole cocente. Ma un giorno arrivò Cane Giallo, un bel cagnetto con due occhi intelligenti e una codina mozza agitatissima portando una notizia davvero brutta. Si diceva che due grandi coccodrilli avessero attaccato a tradimento tre cagnetti che stavano a mollo nell'acqua così fresca del fiume.

"La situazione, cari amici, è piuttosto grave. Grazie al cielo i nostri compagni non sono rimasti feriti, ma i coccodrilli potrebbero riprovarci, e non sappiamo se la prossima volta salveremo la pelliccia!" disse solennemente Cane Giallo.

"Cosa facciamo? Dobbiamo cercarci un altro posto per fare il bagno?" chiese Chihuaua con aria terrorizzata. "Già mi sento come se fossi l'aperitivo del Cocco" aggiunse tristemente.

"Stiamo calmi! Qua nessuno sarà l'aperitivo del Coccodrillo, né il pranzetto, né la merenda… Sono anni che ogni giorno andiamo a bere in riva al Nilo e i coccodrilli non ci hanno mai fatto nulla." disse severamente Cane Nero.

Tutti i cagnetti se ne stavano mogi mogi a pensare a un piano d'attacco o di fuga quando finalmente Zampe Sottili disse: "Che idea! Favo-lo-sa! Organizzeremo delle gare di velocità… Ci alleneremo per bene e quando saremo veramente imbattibili, potremo andare al fiume e, in corsa, riempirci il pancino e bere a sazietà... e poi scappare come fulmini tra le canne!".

Non era una brutta idea, bastava lavorare sodo, allenarsi, saltare e nessun coccodrillo con quella corazza pesante sarebbe riuscito ad acchiapparli.

Per tutto il giorno successivo i cagnetti si sfidarono l'un l'altro in

gare a ostacoli, nei salti e nella corsa, tanto che, ora di sera, erano tutti stanchi, ma contentissimi: ognuno aveva superato se stesso e l'indomani i coccodrilli sarebbero rimasti a bocca asciutta.

Venne il mattino e tutti insieme si recarono al fiume. Giunti che furono sulla riva, presero a correre come saette e intanto, abbassando il muso verso la superficie, bevvero a volontà.

Da lontano un coccodrillo li vide e si mise a chiamarli con voce suadente: "Ma perché tanta fretta? È così una bella giornata. Facciamo due chiacchiere, un po' di pettegolezzi prima di pranzo. State qui tranquilli, potete bere goccin goccetto con tutta calma! Sennò, se bevete così in fretta, magari vi va di traverso…".

I malvagi dovrebbero imparare che, con le persone prudenti e di astuto ingegno, i tentativi di inganno sono fatica sprecata.

"Stai pur certo che ci avvicineremmo senza problemi, se soltanto non sapessimo che ci vuoi per pranzetto! Mi spiace ma abbiamo altri programmi per mezzogiorno" rispose Zampe Sottili continuando nella sua corsa.

Il coccodrillo allora si immerse nuovamente nell'acqua, rimuginando nuovi piani d'attacco e sentendo il rumore sordo del suo pancione vuoto.

L'ASINO E IL LEONE

C'era una volta un grande e coraggioso leone. Era un cacciatore formidabile e intelligentissimo. Ma era stufo di andare a caccia tutto solo. Aveva bisogno di qualcuno con cui chiacchierare e zampettare sulla strada. Tutti gli animali che conosceva, però, avevano paura di lui e non volevano accompagnarlo. Leone aveva bussato a quasi tutte le tane. Gli rimaneva solo la tana di Asinello, un ciuchino molto speciale, coraggiosissimo e con una voce potentissima: quando ragliava sembrava che nella foresta ci fosse un orco grandissimo e molto arrabbiato. Asinello fu davvero contento di andare a caccia con il re della foresta: tutti lo avrebbero rispettato. E fu così che all'alba Asinello bussò alla tana di Leone che si era appena svegliato di ottimo umore.

"Senti, il piano è questo: ti ho fatto un bel vestitino mimetico, tutto di foglie grandi e piccole, tutto verde: tu te lo metti, così sembrerai un bel cespuglio e nessuno ti riconoscerà. Al mio segnale (Leone tossicchiò un po') fai il tuo raglio speciale, quello terrificante e le prede se ne staranno lì impietrite dalla paura ed è allora che…:zac! Arrivo io!".

Il piano funzionò alla grande: Asino e Leone avevano proprio portato a casa un bottino eccezionale. Tornando a casa con tutto quel peso sulle spalle Asinello disse:"Però, scommetto che non ti andava così bene quando cacciavi tutto solo! È il mio raglio che è potentissimo… devo ancora perfezionare la tecnica, ma direi che è merito mio se hai tanta buona ciccia per cena stasera".

Mai illudersi di essere entrati in stretta amicizia e in reciproca confidenza con chi ha la fama di essere burbero e violento.

"Oh sì, il tuo raglio fa davvero paura, a tutti gli altri! Ma non a me, che so di chi è! Gli asinelli, di solito, non possono fare altro che ragliare se un leone decide di papparseli!" rispose Leone ridacchiando.

Asinello non disse più niente perché sapeva che non solo Leone aveva perfettamente ragione ed era meglio non irritarlo troppo.

LA VOLPE VA AL MUSEO

C'era una volta una città nel folto del bosco abitata solo da animali.

Ognuno di loro aveva imparato un mestiere e così, da soli, senza l'aiuto dell'uomo vivevano benissimo e molto felici.

Un giorno Cane Lupo che aveva viaggiato tantissimo e aveva visitato le magnifiche città degli uomini, era alla fine tornato alla sua casa nel bosco. Voleva creare un bel museo con tutti gli oggetti che aveva portato come ricordini del suo viaggio.

"Che meraviglia! Sono proprio pezzi unici!" gli dissero quando mostrò la sua collezione agli amici animali.

Tutti gli animali furono d'accordo: bisognava proprio sistemare tutte quelle cose così belle in un museo.

E così fu. Il museo ebbe un successo grandissimo e anche animali che vivevano fuori dal bosco vennero a visitarlo.

"Ah, magnifico quel quadro. E quella statua? Sembra viva!" dicevano tutti.

Solo una volpicina molto critica non era ancora andata a visitare il Museo. Non le interessava un granché, ma visto che la sua amica Leprottina insisteva tanto decise di mettersi un bel vestitino della festa e di comprare un biglietto per il museo.

La volpicina girò e girò per i saloni del museo, si sedette sulle eleganti panchette di velluto rosso e osservò con calma i grandi quadri appesi alle pareti.

Nel salone delle statue la volpicina si divertì molto a girare intorno a quelle figure così grandi e imponenti e, qualche, volta faceva anche la linguaccia (tanto le statue non potevano offendersi né risponderle!).

Dopo un'oretta, Volpicina uscì dal museo. Era proprio contenta di trovarsi all'aria aperta in quel bel pomeriggio d'estate.

Cane Lupo che era curioso di sapere cosa ne pensasse Volpicina della sua straordinaria collezione le chiese: "Allora, cosa ne pensi? Fantastico, vero?".

Era sicuro che Volpicina fosse già innamorata – come tutti – del suo museo.

"Sì, certo, davvero bello, incantevole, soprattutto il grande quadro coi fiori blu..." rispose la volpe sinceramente.

Troppe volte la gente si lascia ingannare dall'aspetto affascinante di un oggetto o di una persona, senza capire che magari dentro c'è poca... "sostanza".

"E delle statue che cosa ne dici? Pezzi unici, favolosi, non trovi?" seguitò Cane Lupo. "Già, veramente meravigliose. Però..." ribatté Volpicina.

"Però?".

"Sono certamente sculture magnifiche a vedersi, ma tutte hanno lo stesso difetto: nessuna di loro, per quanto bella sia la testa, ha un cervello, né un cuore" concluse la volpe scuotendo il capo.

Cane Lupo non aveva mai pensato a queste cose. Però pensava che Volpicina, sotto sotto, un po' ragione ce l'avesse: le statue e i quadri sono una gioia per gli occhi, ma gli amici veri sono una gioia per il cuore!

LE BUGIE HANNO LE GAMBE CORTE

C'era una volta in Grecia un dio che amava tanto gli uomini da voler vivere insieme a loro.

Aveva un nome bellissimo: si chiamava Prometeo, che significa «colui che pensa prima», cioè prima di dire o fare qualcosa, come la persona davvero intelligente che pensa un po' prima di aprire bocca.

Prometeo era anche un vero artista: sapeva modellare l'argilla come nessun altro e creava statue che, si diceva, erano così belle da sembrare vere e da danzare di notte nella sua officina buia.

Giove, padre degli dei, decise che Prometeo andava premiato: era troppo bravo! Una volta che fosse riuscito a creare da un blocco di argilla una scultura così perfetta da meritare la vita, allora la fucina del dio Vulcano sarebbe stata a sua disposizione.

Tutto questo stava a significare che se il famosissimo fabbro dell'Olimpo avesse soffiato nella statua, dal fiato divino sarebbe nata l'anima della figura, che da quel momento sarebbe diventata una persona umana. Prometeo da quel giorno si mise a lavorare a più non posso. Sarebbe stato bellissimo creare la vita.

Modellava, creava, scalpellava dalla mattina alla sera, finché un giorno, ecco, finalmente osservò con attenzione l'opera che aveva tra le mani e si rese conto di aver forgiato una statua unica al mondo per la sua bellezza: decise che senza dubbio quella meritava la vita. Era la figura di una ragazza piena di grazia.

"Ti manca solo la parola. Quella te la darà il dio Vulcano. Hai un viso così delicato e la tua espressione è così dolce: ti chiamerò Verità, perché è così, con questi occhi chiari e questa grazia semplice che immagino la verità". Prometeo era molto fiero del suo lavoro e andò subito a chiamare il dio Vulcano perché desse la vita alla bellissima creatura sul piedestallo della sua officina.

Prima di andarsene Prometeo fece mille raccomandazioni al suo

giovane aiutante: "Torno tra pochissimo... e tu stai attento che non le succeda niente". Che cosa dolce! Prometeo pensava alla ragazza come se fosse già viva!

Come Prometeo si fu allontanato, il garzone osservò con curiosità la scultura e, presa un poco di argilla, con la tecnica che aveva imparato osservando Prometeo notte e giorno, si mise a plasmare una figura esattamente identica a Verità. Le assomigliava in tutto: nei lineamenti, nella statura, nei bei riccioli che le cadevano graziosamente sulle spalle.

Ma ad un certo punto l'argilla finì e la nuova statua rimase senza piedi. Ritornò Prometeo e il giovanotto, per nascondere l'opera non terminata, le mise un po' di stoffa intorno alle gambe e non disse niente a Prometeo.

Coloro che hanno l'abitudine di mentire si ricordino che, anche quando sono convinti di aver inventato storie credibili, alle menzogne manca sempre qualcosa, per questo hanno vita breve.

"Ehi, ma è uguale in tutto alla mia magnifica creatura. Ragazzo mio, sei stato veramente bravo! Avanti, carica entrambe le statue sul carro: le porteremo da Vulcano e a tutte e due il dio darà la vita. Lo meriti, ormai non ho più niente da insegnarti" disse Prometeo, sorridendo al giovane. E Vulcano soffiò sulle due statue, dopo averle cotte nel suo enorme, mitico forno.

Verità, come ebbe la vita, mosse i primi passi in modo incerto, poi, con sicurezza cominciò a camminare con volto fiero e sguardo sincero. Poi fu la volta della scultura creata dal garzone. Cercò di muovere le gambe, ma, come ben sappiamo, le mancavano i piedi... e per questo rimase incollata al suolo senza avanzare.

A lei fu dato il brutto nome di Bugia. Aveva voluto imitare la verità, ma non c'era riuscita, ed è per questo che si dice che le bugie hanno le gambe corte.

Mucca, Capretta, Pecorella e Leone

C'erano una volta tre amiche: una mucca, una capra e una bella pecorella bianca.

Non erano mai state molto brave a trovarsi il cibo e, molto spesso, dovevano accontentarsi di radici e qualche bacca selvatica.

Un bel giorno però alla mucca venne un'idea rivoluzionaria, che avrebbe cambiato le loro vite e riempito le loro pance:"Ragazze mie, ho pensato che la soluzione ai nostri problemi potrebbe essere quella di fare una società e con i guadagni, vedrete che riusciremo sempre ad avere colazione, pranzo, cena …".

"E merenda e spuntino di mezzanotte" concluse tutta felice Capretta, che era golosissima.

"Ma che tipo di società?" chiese Pecorella, che era sempre un po' sospettosa.

"Pensavo potessimo aprire un negozietto e vendere tutte le cosine che abbiamo trovato nel bosco in questi anni… Io, a casa, ho il ripostiglio che sta scoppiando! Tiro tutto fuori e quel che ci piace lo vendiamo, che ne dite?".

"È proprio una grande idea. Forza, diamoci da fare!" disse Capretta tutta eccitata.

Mucca, Capretta e Pecorella cercarono quindi una bella tana per aprire il loro negozietto: trovarono un tronco di quercia cavo, lo dipinsero con colori vivaci e appesero un bel cartello:"Mucca, Capretta e Pecorella: è da noi la merce più bella!".

In poco tempo Mucca, Capretta e Pecorella avevano aperto proprio un delizioso mercatino dell'usato: c'era proprio di tutto, padelloni per le castagne, bigodini, giocattoli, mestolini, cappellini di lana, tutti mescolati in un'allegra confusione. Il negozio ebbe un bel po' di successo, ma dopo qualche tempo gli animali si erano stufati e non trovavano più niente da comprare. Mucca, Capretta e Pecorella tornarono povere come prima ed erano molto tristi.

Un giorno passò dal loro negozietto un bel leone dalla voce profonda. Era davvero affascinante e, guardando con aria indifferente le povere cosine del negozio, disse: "Vorrei farvi una proposta d'affari: diventiamo soci, così vi aiuterò e non avrete più fame". "Benissimo, l'offerta ci sembra allettante. Quali saranno le condizioni di lavoro?" chiese Mucca con aria professionale.

Non bisogna mai fidarsi di un'alleanza con un potente: non si tratta mai di una società tra uguali e i più deboli perdono sempre.

" Per prima cosa è chiaro che dividiamo tutto per quattro: ci impegneremo al massimo e state certe che non avrete più bisogno del vostro mercatino dell'usato per vivere" rispose il leone.

Il giorno dopo all'alba il leone si allontanò dal paese, diretto verso il bosco, promettendo di tornare dopo poco con un bel bottino. Infatti non trascorse molto che il leone era già di ritorno con un sacco pieno di prede succulente.

"Ecco qua, io mantengo sempre le mie promesse. Non resta altro da fare che cucinare quanto vi ho portato. E di questo vi occuperete voi. Poi divideremo come stabilito".

La mucca, la capra e la pecora si misero subito al lavoro in cucina e finalmente per l'ora di pranzo tutto era pronto. Il profumino era magnifico e il piatto così invitante!

"Bene, le parti sono quattro" disse il leone dopo aver fatto le razioni. "Questo pezzo mi spetta di diritto, perché sono vostro socio; il secondo lo prendo perché sono il re; il terzo è mio, perché sono il più forte e... il quarto lo prendo io, perché è così e basta!" concluse l'animale con un ruggito.

E di sicuro nessuno osò dir nulla, ma già le tre poverine pensavano a riaprire il loro mercatino: più divertente e... sicuramente meno pericoloso!

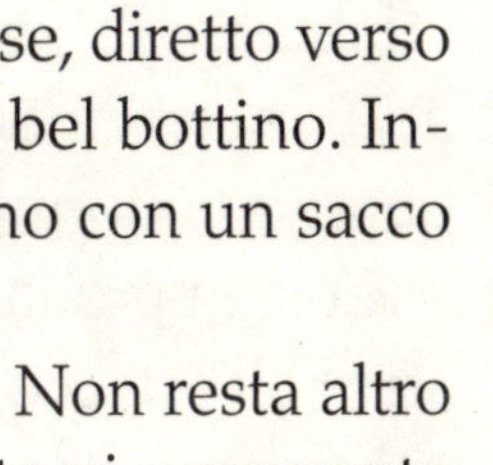

I TOPI HANNO UN CAPO

C'era una volta un piccolo casolare di campagna: aveva un bello steccato bianco e allegre finestre verdi.

Nella grande cantina abitavano tanti topini. Erano topini molto tranquilli e molto fortunati: avevano grandi scorte di grano e il padrone, che era un signore molto gentile, ogni tanto lasciava apposta un bel pacchettino con una forma di formaggio coi buchi.

Era proprio una pacchia!

I topini erano tanto felici e vivevano così sereni che potevano giocare tutto il giorno e andare alla scuola dei topini per imparare tante storie meravigliose.

Ma un brutto giorno arrivò la notizia che un esercito di donnole affamate si stava proprio dirigendo verso il loro piccolo e felice regno. Immaginate lo sconforto dei topolini che da sempre sapevano quanto le donnole fossero sanguinarie!

Così in preda al terrore i topini cercarono di organizzarsi per resistere all'attacco delle donnole.

Ma non erano mai stati in pericolo e quindi non sapevano niente della guerra e delle tattiche di difesa: al massimo sapevano distinguere un formaggino francese da un formaggio greco!

Le donnole ormai grattavano alla porta della cantina e i topini erano impazziti di paura: l'unico piano che seppero trovare fu quello di rifugiarsi in una grossa botte vuota.

Nella botte i topini stavano tutti stretti e abbracciati cercando di non fare troppo rumore.

Passarono così un'oretta di vera angoscia.

Più tardi, quando fuori sembrò esserci più calma, uno dei topi prese la parola, facendo capire che voleva fare il capo.

"Da tempo credo di essere la persona più adatta a governare tutti voi. Anche se le cose andavano bene, ho sempre saputo che ave-

vamo bisogno di una guida e mi propongo come vostro futuro capo" disse con aria sicura.

I topini mormoravano: non erano molto sicuri di volere per forza un capo... e soprattutto non erano sicuri di volere quel capo.

Però le donnole erano alla porta, bisognava far qualcosa... eleggere un capo forse li avrebbe fatti sentire un po' meglio, forse.

"Va bene, non abbiamo scelta. Almeno per ora sarai tu il comandante" risposero in coro tutti i topini.

A quel punto il topo capo, senza aspettare oltre, si mise in testa un tappo di bottiglia, come se fosse un elmo: prese uno stuzzicadente come se fosse una lancia e si lanciò fuori dalla botte gridando: "Topi alla riscossa!".

Il sole filtrava dalle inferriate della cantina e batteva sul tappo di metallo che il topo capo aveva in testa come elmo: le donnole, che avevano occhietti acutissimi, furono subito attratte da quello strano luccichio e partirono all'attacco.

Per essere un vero capo non basta avere una bella armatura!

Purtroppo il topo capo che aveva di un eroe solo l'armatura, ma non certo il coraggio, si arrampicò di nuovo in fretta nella botte e scivolò dentro: "Capo, sei già di ritorno? Come è andata?" gli chiesero topini ansiosi.

"Benone! Non appena le donnole mi hanno visto, con il mio elmo e la mia lancia si sono andate a rifugiare fuori... Ma è meglio aspettare ancora un po' qui nella botte che tutto sia tranquillo " mentì il topo che aveva avuto una fifa matta.

La pantera riconoscente

C'era una volta una bellissima e affascinante pantera nera. Questa pantera amava tantissimo passeggiare sotto il sole e osservare con curiosità la bellezza della vita intorno a lei.

Un giorno però la bella pantera si allontanò tanto che non riusciva più a trovare la via di casa: si ritrovò in un bosco selvaggio e misterioso con strane gallerie di foglie e rami.

La pantera era un po' preoccupata: pensava alla sua mamma che le diceva sempre di non andare oltre il vecchio mulino rosso.

"Accidenti, mamma mi starà cercando adesso... Chissà come si preoccupa!" rifletteva tra sé tristemente la giovane pantera dagli occhi di smeraldo.

E mentre passeggiava nel folto della foresta, a un tratto sentì improvvisamente il vuoto sotto le zampe e in un attimo si ritrovò proprio in fondo a una grossa buca. "Ci mancava anche questa! Sono lontana da casa, ho fame e sono finita in una buca di cacciatori! Ma che giornata storta! Come farò ora a uscire da qui?" piangeva la pantera, che sapeva bene che quelle buche servivano per catturare gli animali e portarli in un posto chiamato zoo.

Pantera si ricordava che un giorno Leone era sparito e poi Aquila lo aveva visto dietro a orribili sbarre proprio allo zoo.

Si stava ancora disperando quando si accorse che qualcuno ridacchiava proprio sopra di lei: "Guardate laggiù: abbiamo fatto buona caccia questa volta, allo zoo saranno contenti quando vedranno questa bella pantera" disse uno di quelli.

Panterina si mise a ringhiare sperando di spaventarli.

Chissà, forse c'era riuscita. Si erano allontanati. Ma solo per prendere una corda a trascinarla via.

Poco dopo, mentre la bella piccola pantera pensava alla triste situazione in cui si era cacciata, passò di lì un giovane contadino che,

sentendola piangere, incuriosito si affacciò al bordo della fossa.

"Ehi, tu! Pantera, che ci fai laggiù? Hai fame, vero? Tieni, ti butto un pezzo di pane" disse il ragazzo, gettandole nella buca una pagnotta e sparendo dopo un attimo senza aggiungere altro. La panterina divorò in un secondo ciò che le aveva dato quel ragazzo così gentile e, come per magia, si sentì subito forte e agile come sempre e con un balzo si ritrovò finalmente alla luce, fuori da quella buca spaventosa. Mentre tornava verso casa vide davanti a sé il ragazzo che poco prima le aveva salvato la vita, ma quello, spaventato, si mise a correre. Allora la pantera nera lo fermò e gli disse: "Non sei tu che devi fuggire, ma quegli orribili cacciatori! Ti ho riconosciuto, è grazie a te che sono riuscita a scappare!" Certo, come avrebbe potuto la bella panterina scordare il volto di chi le aveva fatto del bene? E così, insieme al ragazzo gentile, Panterina fece un pezzo di strada e poi corse a casa a raccontare tutto alla sua mamma.

L'aiuto prestato nel momento del bisogno a chi è capace di ricordarlo, è sempre seguito da sincera riconoscenza e gratitudine.

La cornacchia e la pecora

C'era una volta una bella pecorella gentile. Questa pecorella amava molto strasene tranquilla a brucare la sua erbetta e a osservare i bei fiorellini rosa e bianchi del suo prato preferito.

"Oh... guarda il piccolo nontiscordardimé è cresciuto... Ora ha tanti fratellini! Diceva tra sé e sé la pecorella".

Poco lontano, sul ramo di un bel melo fiorito, era appollaiata pigramente una cornacchia nera e lucida. Questa cornacchia era una vera peste: le piacevano molto gli scherzetti e più erano fastidiosi e stupidi, più le piacevano.

Era un po' che Cornacchia osservava la pecorella e pensava:"Quella pecorella è proprio la vittima ideale. Scommetto che non dirà nemmeno beee... Dunque, vediamo, che cosa posso fare? Beccarle la testina? Lanciarle vermi? L'ho fatto ieri alla Capra Calva, ma no...ecco, ho trovato: mi farò un bel pisolino sulla sua schienona morbida e batuffolosa".

Pecorella teneva tantissimo al suo bel mantello soffice, tanto che si lavava sempre con lo shampoo dei bimbi e un paio di volte la settimana si metteva anche il balsamo.

"Preparati, pecorella... sarai il mio divanetto per oggi!"esclamò la cornacchia ridacchiando tra sé e sé. E volò proprio sul dorso della pecorella che brucava l'erbetta, non sospettando nulla. "Mi dici che cosa vuoi? Vattene dalla mia schiena, mi rovini la lana, e poi mi pesi addosso e mi dai fastidio!" disse la pecora immediatamente.

"Certo che ti do fastidio! Altrimenti, che cosa sarei venuta a fare qui, secondo te? Sento che sto già cominciando a rilassarmi" fece la cornacchia, sbadigliando.

La pecorella quindi, per cercare di scrollarsi di dosso quell'uccellaccio irriverente, prese a correre su e giù per il prato.

"Wow! Le montagne russe... che spasso!" ridacchiava la cornac-

chia non mollando nemmeno per un secondo la presa.

Dopo cinque minuti di folle corsa la pecorella non ce la faceva più e, sempre con la cornacchia in groppa, si accasciò a terra per riprendere fiato.

"Ti prego, lasciami in pace, vattene via!" la pecorella stava quasi piangendo, ma la cornacchia le rispose:"Ma se mi sto divertendo un mondo… Me ne andrò quando mi sarò annoiata. O dopo un bel pisolino!". Durante il pomeriggio poi, non perdendo le speranze, la pecorella tentò ancora di scrollarsi di dosso la cornacchia, ma niente. Per fortuna, dopo tante ore di tormento, arrivò la sera e finalmente la cornacchia si alzò in volo, iniziando già a pensare chi infastidire l'indomani. Mentre Cornacchia si allontanava, la pecorella la richiamò, dicendole in tono risentito:"Se tu quello che hai fatto a me oggi l'avessi fatto al cane, lui, con i suoi denti aguzzi, non te l'avrebbe fatta passare liscia! Capito?".

È facile essere insolenti e dispettosi con chi è fragile e inerme. Coloro che sono falsamente coraggiosi non si azzardano mai ad affrontare i potenti e i forti.

"Hai ragione, ma infatti non mi passa neanche per la testa l'idea di saltare in groppa al cane… Andavi benone tu, che sei debole e non sei in grado di difenderti neanche da una cornacchia!" ribatté con aria perfida quell'uccello antipatico, volando di nuovo sul suo melo.

LA VOLPE E IL CORVO

Quel giorno un corvetto nero, vivace e dispettoso, era davvero felice e fiero di se stesso.

Già: svolazzando con gli occhietti bene aperti, aveva puntato un bel pezzo di gustoso formaggio che si trovava incustodito sul tavolo di un ristorantino in aperta campagna. Una delle finestre era stata lasciata aperta e Cra-crà, senza pensarci due volte, aveva afferrato l'allettante pranzetto. Poi si era appollaiato sopra un albero, pronto a far merenda.

Mentre si trovava tra le fronde, passò di lì una volpe che si aggirava per la campagna in cerca di qualcosa da mettere sotto i denti. Vide sull'albero il corvetto nero con il formaggio che gli pendeva dal becco e immediatamente sentì lo stomaco contorcersi per la fame, mentre le veniva l'acquolina in bocca.

Si avvicinò all'albero e disse:"Ciao Corvetto! Ma che fortuna! Posso parlare con un uccello speciale come te… Guarda che penne lustre… Che eleganza e quel becco, così giallo e affilato".

Il corvetto era proprio lusingato:"Grazie! Non per vantarmi… Ma sì, giallo e nero sono proprio due colori eleganti e, tutti lo dicono, sono proprio carino!".

"Già, già", disse pensierosa la volpe"ma sei anche bravo a cantare, tanto quanto sei bello? Non è che sei come Pavone, elegante fin che vuoi, ma così stonato?" fece la volpe astutamente.

"Ascolta e vedrai" rispose seccato il corvetto. E si preparò a cantare una canzoncina, ma come ebbe aperta la bocca, il pezzo di formaggio gli scivolò per cadere direttamente nelle bocca spalancata della volpe, che non aspettava altro. Ingollato il formaggio la volpe corse nel boschetto lasciandolo tutto solo a meditare sulle lodi troppo esagerate e sulla sua vanità.

Coloro che amano essere adulati spesso si rendono oggetto di lodi esagerate, subdole e fasulle.

Leprottino e il contadino

Quel giorno un sole magnifico splendeva alto nel cielo e Leprotto, che era sempre allegro e vivace, moriva dalla voglia di uscire all'aria aperta e fare quattro passi in mezzo alla natura.

La mamma gli raccomandò di tornare presto e di non allontanarsi troppo e Leprottino già stava saltellando allegramente verso il piccolo stagno verde.

Trotterellava canticchiando e quando ormai era tardi si accorse di essersi allontanato troppo da casa. Si guardò in giro. Ma non riconosceva neanche un albero, né un cespuglio. Allora fece quello che tutti i leprottini (e anche i bambini) del mondo avrebbero fatto: si mise a chiamare la sua mamma.

"Mamma, mamma, dove sei?" gridava Leprotto spaventatissimo, ma nessuno rispondeva.

A un tratto, nel silenzio della foresta, il leprotto sentì un rumore strano.

Sembravano passi e infatti dopo un attimo apparve la figura di un uomo che aveva un grosso fucile da caccia.

Leprotto si mise a correre... Aveva sentito certe storie di leprottini e cacciatori e pentole, perciò cercò di nascondersi per bene.

Finalmente in lontananza vide una piccola buca, tra le radici di un bellissimo abete e, senza perdere tempo, vi si rifugiò tremando come una foglia. Stette lì, buono buono, tentando di fare il minor rumore possibile mentre ogni tanto dava un'occhiata fuori per controllare la situazione.

Ecco, ora tutto era pace, forse era riuscito a scamparla! Pensò Leprotto un po' più tranquillo.

E in quel momento gli tornò in mente la sua mamma... le sue coccole e la sua cameretta. Leprottino era così triste che si mise a tirare su col suo delicato nasino rosa. Non si accorse nemmeno del cac-

ciatore che lo stava osservando dalla fessura.

"Ehi, piccolino, che cosa fai? Non piangere! Esci, non essere spaventato" gli disse l'uomo che stringeva ancora il fucile tra le mani. Ma come poteva fidarsi Leprottino? Quello era un cacciatore! E col fucile!

"Leprotto, non volevo farti paura! Esci!" insisteva il cacciatore.

"No, non esco, non ti credo... Mamma mi ha raccontato dei cacciatori, delle pentole e delle patate" piagnucolava il piccolino, non volendo proprio uscire dalla sua buca.

Questa favola dimostra che per davvero non bisogna farsi ingannare dall'aspetto di una persona: spesso dietro un'apparenza minacciosa si nasconde un animo gentile.

L'uomo a quel punto si mise a ridere di cuore e gettando a terra l'arma disse: "È mai possibile che basta un fucile per spaventarti! Non ti stavo inseguendo per metterti nel sacco, volevo riportarti dalla tua mamma che, dalla parte opposta del bosco, è un'ora che sta piangendo perché non ti trova! E ora esci di lì e torniamo a casa".

Leprotto, appena sentì la parola mamma, drizzò i suoi baffetti, si fece coraggio, saltò in braccio all'onesto cacciatore e in quattro e quattr'otto fu di nuovo a casa dalla sua mamma che, dopo una bella sgridata, lo abbracciò forte forte e gli diede una bella merenda di lamponi freschi.

LA SERPE VA DAL FABBRO

Il sole stava calando, in quella splendida giornata di giugno, e per approfittare di qualche ultimo minuto di luce il fabbro aveva aperto bene le imposte della sua bottega per finire il suo lavoro. In quel modo gli ultimi raggi filtravano tiepidi dalla porta e con precisione l'uomo si affrettò a dare gli ultimi ritocchi all'oggetto che stava sistemando da qualche ora.

Scese la notte e nel buio e silenzio giunse nella piazzetta del paese una serpe. Viveva nei campi vicini, ma quel giorno, spinta dalla fame, aveva deciso di vedere se riusciva a trovare qualcosina da mangiare. Per fortuna, a un tratto vide socchiusa la finestra di una bottega. Proprio non riusciva a leggere l'insegna. "Mah, speriamo sia un negozio di alimentari!" pensò la serpe. Strisciò lungo il davanzale e saltò dentro. Era buio pesto e la serpe che non vedeva proprio niente non poteva sapere che era entrata nella bottega del fabbro… e che c'erano solo viti, chiodi, bulloni e proprio niente da mangiare!

Serpe strisciò e strisciò: a un tratto sbatté il suo muso appuntito contro qualcosa di duro.

"Sarà formaggio? O una focaccia un po' vecchia? Non fa niente… io addento!".

Ma non era né formaggio, né focaccia! Era una lima, e per di più parlava: "Che fai? Mi stai rosicchiando? Vuoi che ti consumi la tua linguetta biforcuta?! Sono affilatissima, io!" disse solennemente la lima che era abituata a «rosicchiare» ferro tutto il giorno e che non aveva certo paura dei dentini di una povera serpe!

Serpe, che era un animale molto prudente, decise che era meglio strisciare via veloci come il vento e silenziosi come la notte.

Se cerchi di attaccare qualcuno, stai attento: potrebbe essere più forte di te!

Cinghialotta e il lupo

Era un freddo pomeriggio di fine dicembre e, sotto una fitta neve che da giorni scendeva silenziosa, al riparo in una tana fatta di rami secchi, una cinghialotta stava per avere i suoi cuccioli. Era una cinghialotta molto coraggiosa: faceva davvero freddo e lei era stanca e sola.

Aveva cercato qualcuno che la aiutasse, ma purtroppo quasi tutti gli animali erano in letargo, come anche il suo medico, Marmottino.

"Penso che i cuccioli stiano arrivando... Aiuto!" disse la cinghialotta, rannicchiandosi coraggiosamente in fondo alla tana. La cinghialotta si faceva animo pensando al fatto che tra poco avrebbe potuto stringersi al cuore i suoi cucciolotti e già immaginava quanto sarebbe stato divertente nelle belle giornate di primavera andare a cercare more selvatiche nei prati fioriti... e con questi pensieri si faceva forza e non aveva paura.

Proprio in quel momento passava di là un lupo. Era magrissimo. Passeggiava per il bosco alla ricerca di cibo, quando sentì i discorsi della cinghialotta (che parlava a voce alta per sentirsi meno sola) e pensò ad un piano per attirala fuori dalla tana e mangiarsela in un solo boccone.

"Ehi, chi c'è nella tana? C'è qualcuno che sta male?" disse il lupo.

"Sono una cinghialotta... E sto per avere i mie cuccioli... Sono da sola, però, perché il mio medico Marmottino è in letargo!" ribatté infatti la cinghialotta, non avendo neanche la forza di aprire gli occhi per guardare chi fosse il visitatore.

"Ma che fortuna!" pensò il lupo "una cinghialotta... E coi piccoli! Mmm...meglio di così!".

"Puoi aiutarmi?" chiese Cinghialotta, con un filo di voce.

"Certo che posso! Sono un medico io! Sono uscito nel bosco con questo tempaccio per vedere se potevo essere utile a qualcuno...

E così è stato!" disse il lupo con tono commovente.

"Ma che fortuna!" pensò la cinghialotta "non solo non sono sola, ma anche trovato un medico!".

"Ti devo proprio ringraziare. Se non fosse per te, starei ancora a piangere!" disse la cinghialotta, che ancora non si era accorta di parlare con un lupo.

"Ma sono io che devo dire grazie a te, se dopo tanti mesi finalmente posso mangiare qualcosa di saporito" replicò il lupo mordendosi la lingua per quello che si era appena lasciato sfuggire.

"Cosa ? Mangiare? Ma io devo avere i cuccioli, mica posso cucinare, no?".

Bisogna sempre studiare bene il carattere di chi si offre di darci una mano, prima di abbandonarci alla sua discrezione.

E così dicendo la cinghialotta finalmente aprì gli occhi e vide il volto affamato dell'impostore.

"Ehm... volevo dire dopo tanti mesi che non ho più un paziente" cercò di giustificarsi il lupo.

"Vattene! Se sono riuscita a non avere paura standomene sola, riuscirò anche a far nascere i miei cuccioli da sola...!" disse Cinghialotta, coraggiosamente chiudendo per bene la porticina della sua tana.

Lupo dovette allontanarsi a stomaco vuoto zampettando nella neve fresca.

L'INSOLENTE

In Grecia era periodo di Olimpiadi:tutti gli atleti si stavano allenando da giorni e giorni e l'atmosfera era proprio di festa.

Esopo, il famoso racconta-storie era stato invitato in città per assistere alle gare e scrivere magari qualche storiella divertente, qualcuna delle sue.

Ma Esopo ebbe tanto successo che i cittadini gli chiesero di presentare le Olimpiadi: era infatti divertentissimo, e aveva una storia pronta per ogni cosa e poi sapeva raccontare con tanta convinzione che tutto quello che diceva sembrava vero. Esopo accettò con piacere la proposta e con espressione allegra andò a passeggiare per i vicoli della grande città.

"Io presentare le Olimpiadi? Che sogno! Non avrei mai pensato di arrivare a tanto!"si diceva tutto contento Esopo. Mentre attraversò la piazza principale, molti concittadini lo riconobbero e lo circondarono per salutarlo e magari sentirgli raccontare qualche favola.

Tra gli altri c'era però un uomo che era invidioso di Esopo e lo guardava con astio. A un certo punto, seccato per il fatto che Esopo fosse ancora al centro dell'attenzione, raccolse da terra un sasso e glielo scagliò contro. Esopo, colpito dalla pietra, si guardò intorno per scoprire chi fosse il colpevole. L'insolente allora, credendo di aver ferito lo scrittore anche nell'orgoglio, si fece avanti con fare odioso.

Come Esopo lo vide, tirò fuori una bella moneta d'oro e gliela lanciò e gli disse:"Ma bravo! Vedo che ti stai preparando alle Olimpiadi, hai una mira favolosa, faresti invidia all'atleta migliore!".

Poi aggiunse:"Se avessi altro denaro te lo darei, lo meriti, bravo come sei! Purtroppo non ho molti quattrini, però posso insegnarti il modo per fare tanti soldini". E stava già sorridendo.

Quel tale, come sentì che esisteva il metodo per far soldi, si mise ad ascoltare tutto interessato.

"Vedi quell'uomo che sta arrivando? È il giudice delle gare del lancio del sasso: se tu gli tirerai addosso una pietra come hai fatto con me, è certo che ti chiamerà alle Olimpiadi, vincerai tu e ti consegneranno un sacco di monete d'oro" spiegò Esopo con tono serio.

L'insolente non se lo fece ripetere due volte: raccolse un sasso da terra, prese la mira, tirò e fece centro! Prese in pieno una guardia che non aveva proprio per niente il senso dell'umorismo che aveva Esopo e che, senza dire una parola, lo trascinò nell'umida prigione della torre.

Spesso la vanità induce
le persone ignoranti
a compiere azioni che,
anziché il desiderato successo,
portano solo rovina
e fallimento.

Il leone e il brigante

Era una magnifica giornata settembrina, un tiepido sole brillava allegramente in un cielo limpidissimo. In una giornata così, Leone non aveva nessuna intenzione di stare a poltrire nella tana come facevano gli altri animali. Anzi, era convinto che le giornate serene come quella fossero l'ideale per fare buona caccia.

Quindi si alzò, fece colazione, si lavò con l'acqua fresca della cascatella d'argento e si spazzolò la bella criniera d'oro.

Trotterellò allegramente seguendo il sentiero delle fragoline gustose e dopo pochi metri vide luccicare in modo sinistro una trappola.

Leone si avvicinò lentamente, facendo molta attenzione a non cadere in qualche trabocchetto e, fatti pochi passi, si rese conto che, stretta tra le morse, vi era una povera lepre ormai priva di vita.

"Oggi sono fortunato, non ho neanche bisogno di fare fatica che quasi inciampo su una bella preda!" si disse il leone abbastanza soddisfatto.

Quindi tirò fuori la lepre dalla tagliola, se la mise in saccoccia e si allontanò canticchiando felice.

"Ehi, fermo lì! Che cosa porti nel sacco? Roba da mangiare? Allora dobbiamo fare metà per ciascuno".

A parlare era stato un brigante che da dietro un albero aveva seguito tutta la scena e ora voleva mezza lepre per sé.

"Questa poi! E perché dovrei fare a metà – io che sono il re della foresta – con un brigante qualunque?" chiese il leone, piuttosto divertito dalla richiesta di un ladro da quattro soldi. "Io voglio mezza lepre perché sono stato il primo a vederla. Anzi, credo proprio di essere anche fin troppo generoso a lasciartela lì! Avanti, scegli la tua metà e molla il resto" ribatté il furfante spavaldo.

"Ma se l'avevi già vista, perché non te la sei presa subito? Visto che di solito, quando rubi, ti prendi ciò che vuoi, ma non chiedi mai il

permesso, o sbaglio?". Leone ruggì minacciosamente e il brigante scappò via di corsa.

A quel punto Leone, guardandosi alle spalle notò un uomo che, tutto tremante, se ne stava in disparte timido timido, non osando farsi avanti.

"E tu che cosa stai aspettando, vuoi anche tu una lezione?" chiese allora il leone un po' spazientito.

"Beh, io veramente sarei quello che ha messo la trappola. Ecco, io ero venuto a ritirare la mia preda, però visto che l'hai presa tu per primo... Non importa, guarda, te la lascio volentieri" disse l'uomo con una vocina sottile sottile.

"Mmm... sei onesto tu. E anche modesto. Quel che è giusto è giusto. Tieni, questa è la tua lepre, ti spetta di diritto. Su, coraggio, prendila!" rispose Leone apprezzando i modi del cacciatore e, lasciando il sacco per terra, si allontanò in mezzo alla fitta boscaglia, per permettere all'uomo di avvicinarsi alla lepre senza paura.

In fondo Leone amava la caccia e la preda nella tagliola non gli dava soddisfazione... Gli sembrava troppo facile! Anzi, forse era un po' umiliante per un signore della caccia come lui! Meglio una bella corsa su per il prato, criniera al vento e fiuto all'erta!

In molte occasioni non serve utilizzare forza e incutere paura al prossimo. La bontà d'animo e l'onestà sono doti apprezzate da tutti, anche da quelli che sembrano apparentemente insensibili.

La volpe e il caprone

C'era una volta una volpe annoiatissima. Aveva gironzolato per prati e ponticelli, radurine e viottoli, ma era già mezzogiorno, il sole picchiava e la volpe aveva una gran sete.

"Un pozzo… un bel pozzo di mattoni rossi! Chissà che acquetta fresca! Proprio quello che mi ci vuole!". La volpe zampettò tutta allegra fino al pozzo. Ma non c'era il secchio dell'acqua.

"Pazienza! Mi faccio anche un bagnetto. Con questo caldo sarà una delizia!". C'era una frescura deliziosa. Si stava benissimo. La volpe fece capriole e tuffetti, nuotò e chiacchierò con le rane che abitavano in fondo al pozzo. Dopo più di un'ora che stava a bagno, la volpe decise di uscire, ma guardandosi intorno sconsolata, si rese conto che la parete era troppo liscia."Non avrò paura. Me ne starò qui buona buona in un angolino. Arriverà qualcuno e mi tirerà fuori". Meno male che, poco dopo, passò un caprone. Anche lui come la volpe aveva una sete pazzesca e ora se ne stava lì affacciato sull'orlo, guardando fisso il fondo:"Ehi volpe, tu che sei lì sotto, dimmi, com'è l'acqua? Fresca? Pulita?".

Mai fidarsi ciecamente delle proposte di sconosciuti! Potrebbero nascondere intenzioni poco nobili o semplicemente non voler rispettare la parola data.

"Se te lo dicessi non ci crederesti! Vieni giù a provarla tu stesso. Sentirai che buona! E le ranocchie sono così simpatiche" rispose la volpe astutamente. Il caprone infatti non se lo fece ripetere due volte e, con un balzo, saltò anche lui nel pozzo. Come fu dentro bevve a volontà e quando ebbe finito chiese alla volpe:"E ora come facciamo ad uscire?".

"Semplice, avvicinati alla parete, io mi arrampico sul tuo schienone lanoso, salto fuori e poi ti aiuto ad uscire".

E così fecero, ma la volpe, una volta fuori, si mise correre per i campi.

"Volpe, vooolpeee…."chiamava a voce altissima il povero caprone.

"Non preoccuparti! Come tu hai aiutato me… qualcun altro aiuterà te!" rispose da lontano la volpe.

Il nibbio e le colombe

C'era una volta una famigliola di colombe: erano dieci colombe bianche e grassottelle, che vivevano in una bella piccionaia bianca e molto comoda sopra il tetto della grande fattoria.

Queste colombe avevano sempre fatto una vita molto tranquilla, ma da qualche tempo non si sentivano più al sicuro come prima.

Infatti da qualche giorno le colombe si erano accorte che il nibbio – una specie di falchetto sempre affamatisssimo – girava in tondo davanti alla piccionaia e sembrava che le stesse spiando.

Erano diversi giorni che Nibbio non mangiava altro che vermiciattoli e insetti e osservando da lontano quelle belle colombe appetitose aveva ancora più fame. "Povero me, se almeno riuscissi a catturare una bella colombella, sento che sarei sazio per una settimana" diceva il nibbio tra sé e sé. "Magnifiche, davvero magnifiche. Belle grasse e cicciose, le colombine. Mamma mia, che fame!" sussurrava il nibbio sottovoce, mentre, teneva sotto tiro le sue prede. Finalmente un giorno il nibbio, che non ci vedeva più dalla fame, decise di attaccare, ma le colombe erano troppo agili e veloci, e in un battibaleno erano ritornate al sicuro nella loro piccionaia.

"Accidenti, non pensavo fosse così difficile! Ma non è finita qui, prima o poi riuscirò a catturarle!" si promise il nibbio, ancora una volta a bocca asciutta.

Nibbio tentò si studiare un piano diverso: dalla sua postazione di guardia controllava ogni uscita della pacifica famigliola e ogni volta provava a catturare una colombina o due.

Ma puntualmente le dieci colombe facevano ritorno alla propria abitazione sane e salve, ridendo allegre per il fatto di riuscire sempre a sfuggire agli artigli del nibbio.

"Ho capito, devo cambiare tattica: mi riempirò la pancia con l'astuzia, se non ci riesco con gli attacchi!" pensò allora l'uccello esasperato.

Era visibilmente dimagrito e, assumendo un aspetto rassicurante, si presentò alla piccionaia. "Care colombe, vi starete sicuramente chiedendo il motivo della mia visita. Ebbene, avrete certo notato che già da tempo cerco di avvicinarmi a voi. Ma non pensate male, non voglio affatto uccidervi. Non abbiate paura!" disse il nibbio sull'uscio, mentre le colombe, senza aprire la porta, ascoltavano incuriosite.

"Io mi chiedo: perché dovete fuggire via spaventate ogni volta che mi vedete? Perché passare tutta la vita nell'angoscia? La mia proposta è questa: eleggetemi vostro re con un patto in piena regola, in questo modo vi garantisco la mia protezione da qualsiasi attacco. Anzi, io per primo vi giuro che vi lascerò in pace. Che ne dite?" concluse il nibbio, mentre lo stomaco gli gorgogliava per la fame.

Chi è abituato a comportarsi da malvagio non speri di essere creduto quando, per ottenere qualcosa, deciderà di fingersi improvvisamente buono e onesto.

"Vattene, preferiamo vivere come abbiamo fatto finora, piuttosto che diventare tuoi sudditi e morire infilzati in qualche spiedo o come spezzatini al sugo!" rispose prontamente una colomba. Le colombe non si erano proprio mai fidate del Nibbio che aveva sempre avuto la fama del cattivastro... Figuriamoci poi se si fosse messo in testa l'elmo del capo!

Il topino contadino e il topino cittadino

Il topino contadino viveva in campagna. Al principio dell'autunno preparava i solchi con un piccolo aratro dalla lama lucidissima. Poi gettava i semi del frumento nella terra, aspettava nella tiepida tana che la neve ricoprisse tutto e, all'inizio dell'estate, con la minuscola falce mieteva le spighe dorate. Quando il sole d'agosto brillò nel cielo, il topino organizzò una festa sull'aia. Fu così che venne a trovarlo un suo vecchio amico, il topino cittadino.

"Come è lontana e fuorimano la tua casa" disse il sorcio di città, che era un tipo elegante e con un po' di puzza sotto i baffetti ben curati.

"Però ci vivo tranquillo, e non mi manca niente!" rispose l'altro. "Non capisco proprio come fai a vivere in un postaccio simile..." commentava il cittadino, che era anche un po' maleducato. "Dove abito io" continuava "ci sono dei palazzoni che neanche t'immagini...". Finì che - un po' di malavoglia - il sorcetto agricoltore, che invece era educato e non voleva scontentare l'amico, accettò l'invito a ricambiare la visita.

Arrivarono in città che era già scesa la sera. Le vie erano illuminate dai lampioni, e il traffico rimbombava tra le alte mura dei lussuosi edifici. "Vedrai che cena ti offro..." promise il cittadino. I due stavano per mettersi a tavola, quando i servi della casa entrarono con gran fracasso nella stanza. Due enormi cani cominciarono a correre qua e là, annusando tutto. I topini, terrorizzati, si rifugiarono in un buco della parete, dove passarono la notte tremando e... a bocca asciutta. "Ti saluto!" disse il contadino "torno alla mia amata campagna: vita semplice, cibi rustici, ma sonni tranquilli!". E il cittadino restò... con un palmo di naso!

Meglio accontentarsi di poco, fare una vita semplice e spensierata, che desiderare il lusso e i piatti raffinati, ma rischiare ogni giorno la pelle!

Il cervo ospite dei buoi

C'era una volta un bellissimo cervo dalle lunghe ciglia brune. Si divertiva come un matto a fare lunghe passeggiate attraverso i boschi annusandone i profumi. Gli piaceva arrivare fino alla piccola cascata nella radura dei mirtilli, bere qualche sorso di un'acqua pura come il cristallo e farsi un pisolino all'ombra degli abeti.

Quel giorno Cervo stava pigramente brucando l'erbetta tenera di primavera, quando sentì una raffica di spari nel bosco.

È già la stagione della caccia" sospirò Cervo con aria triste. "E adesso come faccio? Se i cacciatori mi beccano… finisco in uno spezzatino… col purè!".

Cervo non fece in tempo a finire di pronunciare la frase che un altro scoppio ruppe il silenzio e la tranquillità del bosco. A quel punto allora il cervo pensò bene di nascondersi dietro i cespugli di more, in attesa che passasse il pericolo.

Non appena gli sembrò che ci fosse un po' più di calma si mise a correre finché non si trovò davanti alla grande stalla di legno.

Cervo bussò educatamente ed entrò nella stalla profumata di fieno.

"E tu chi sei, che cosa ci fai qui?" subito gli chiesero due buoi non appena fu entrato.

Erano due buoi molto gentili: Bue buongustaio e Bue saggio.

"Sono Cervo. Stavo brucando l'erbetta della radura…." cercò di spiegare Cervo che era ancora spaventato.

"Ah… deliziosa quella, davvero eccellente… e poi con tutti quei bucaneve croccanti" disse Bue buongustaio.

"Sì, croccanti davvero! Comunque ero lì che ruminavo quando ho sentito uno, due, quattro spari… Così, zampe in spalla sono fuggito, ed eccomi qua! Per favore, posso rimanere con voi per un po'? Non mangio tanto e racconto storielle buffissime" concluse Cervo tutto speranzoso.

I buoi non avevano niente in contrario… anzi, si erano un po' stufati di essere sempre e solo loro due.

E fu così che Cervo rimase nella grande stalla calda per molti giorni. Si stava così bene, il cibo arrivava due volte al giorno, c'era acqua in abbondanza, e... nessun cacciatore!

In fondo, il cervo invidiava un po' la vita tranquilla e comoda dei buoi, avevano tutto ciò che si possa desiderare.

Un mattino però, appena sveglio, si rese conto che qualcosa non andava per il verso giusto.I suoi compagni, che gentilmente l'avevano ospitato per tutto quel tempo, avevano un'espressione triste sul muso e sembravano sul punto di piangere."Ehi amici, che cosa c'è? Come mai quel muso lungo?" chiese Cervo preoccupato.

"Ci portano via… al macello!" disse Bue buongustaio triste triste.

"Oh no… spezzatino!" pensò subito Cervo.

"Ascoltate, conosco un posto, lassù nel bosco, dove fioriscono i crochi e le violette e le stelle, di notte, sembrano grandi come noci".

"Ah… ci sarebbe piaciuto tanto vederlo!" disse Bue saggio.

"Non si sbaglia mai ad essere gentili e generosi: un giorno potremmo essere noi ad avere bisogno d'aiuto!"

"Ma lo vedrete eccome! Chiudete gli occhi…" disse Cervo con aria misteriosa mentre i buoi strizzavano i loro occhioni.

Quando li riaprirono si trovarono tutti e tre nella piccola radura da sogno di Cervo, quella con il prato di viole e crochi e tante margherite saporite. Ma com'era possibile? Semplice, Cervo aveva pregato con tutto il suo cuoricino generoso il grande dio Giove… che salvasse dal macello i due bravi buoi, anche a costo di sacrificarsi per loro. Giove, che ascoltava sempre le preghiere dei suoi amici animali, fu commosso dalla nobiltà del cervo. Così versò un po' della sua polverina magica sulla bella stalla e la fece volare oltre le nuvole fin nel giardino degli dei, dove non c'erano né spari, né cacciatori, né macelli.

Il polletto e la perla

C'era una volta un bel polletto cicciotto e simpatico, in un bel pollaio spazioso nella grande fattoria dal tetto rosso. Fino ad allora a lui e ai suoi compagni non era mai mancato niente, ma da qualche tempo, il Fattore non aveva più tanti soldi per comprare pappe buone per i suoi polli.

"Ultimamente siamo a dieta, eh ragazzi?".

"Già, si vede che dobbiamo mantenere la linea!"chiacchieravano tra loro i polletti, allegri nonostante tutto.

"Il Fattore deve essere davvero in bolletta, se ci dà da mangiare soltanto un giorno sì e uno no! Io mi guardo un po' in giro: magari trovo qualcosa da beccare, qualche briciola rimasta abbandonata nei giorni in avevamo di tutto"suggerì allora il polletto.

Anche gli altri polli lo imitarono e tutti, chi scovando del grano, chi della crusca, riuscirono a fare un po' di merenda. Tutti tranne il polletto. Zampettando in lungo e in largo infatti, anziché trovare cibo, in mezzo a un mucchio di terra aveva scoperto una perla. Già, una piccola, luminosa e preziosa perla bianca.

"Che fortuna! Ragazzi, non crederete ai vostri occhi quando vi farò vedere cos'ho trovato in questo squallido pollaio: una perla! Mangiate, mangiate pure gli avanzi, io intanto sono diventato ricco"disse il polletto contentissimo per la sua fortuna sfacciata.

Eh sì, effettivamente quella perla era meravigliosa, così lucente, ma, tutto sommato, ci si poteva far merenda? I compagni di Polletto gli fecero i complimenti per la magnifica scoperta, ma in cuor loro erano convinti si trattasse di un tesoro sì, ma un po' inutile per un polletto affamato. Ma il pollo, da quando era diventato proprietario della perla, si sentiva talmente bene che gli pareva di aver colmato per incanto il vuoto dello stomaco. Anzi, con un pezzo di corda grezza era riuscito a infilare la sua perla e se la portava al collo come magnifico or-

namento di una collanina.

"Polletto, non è meglio se cerchi anche tu qualcosa da mangiare invece di stare tutto il giorno davanti allo specchio?" gli dicevano in continuazione i suoi fedeli amici. Ma egli credeva che parlassero così solo per invidia: "Vorrebbero averla loro una perla bella come questa, per questo continuano a scocciarmi" diceva tra sé e sé il pollastro che era diventato magrissimo. Passò ancora qualche giorno. Polletto era debolissimo: pensava solo al suo tesoro luccicante e non mangiava più.

Il povero polletto per poco non riusciva ad alzarsi e per aiutarlo i compagni gli portarono qualche chicco di grano perché riprendesse le forze. In un attimo Polletto si sentì meglio e, dopo aver ringraziato i suoi amici per averlo aiutato, osservò con molta attenzione la sua catenina. La perla c'era ancora ma era tutta sporca e un po' ammaccata.. Certo, la vita di pollaio non era fatta per un oggettino raro ed elegante come quello, d'altra parte anche lui non sapeva che cosa fare di quella perla… se non guardarsela e lustrarla un po'. Purtroppo aveva trovato un tesoro, ma era meno prezioso dei chicchi di grano portati dai suoi amici!

Non sempre ciò che potrebbe sembrare un tesoro è davvero così prezioso: non è tutto oro quel che luccica!

E fu così che Polletto decise di metter via con cura la sua amatissima perla. Quando sarebbe venuto il Fattore, Polletto gliela avrebbe portata stringendola nel suo bel becco arancione: Fattore l'avrebbe venduta e avrebbe comprato di nuovo tante buone cosine per il pollaio, così che i suoi amici non avrebbero mai più sofferto la fame!

Socrate e gli amici

C'era una volta ad Atene in Grecia un ometto simpaticissimo e molto intelligente. Aveva un nome importante, si chiamava Socrate. Era bruttino però: piuttosto basso, con una bella pancetta, zucca pelata e nasone schiacciato. Però aveva straordinari occhi chiari e una barba bianca lunghissima.

Era vestito sempre in modo bislacco. Metteva sempre la stessa camiciona lunga fino ai piedi e lo stesso mantellino logoro: a quanti lo criticavano per il suo aspetto diceva sempre che è l'anima che deve essere d'oro, non i vestiti. Era infatti molto saggio, anzi si diceva che persino il dio Apollo in persona avesse detto che Socrate era il più saggio di tutti. Però se lo incontravi e gli facevi i complimenti per la lode del dio, Socrate si tirava il suo mantellino sulla faccia e si scherniva dicendo: "Apollo ha detto così perché io almeno una cosa la so: so che non so proprio niente!". Socrate era così: gli piaceva tantissimo andarsene per le strade di Atène e trovare qualche ragazzetto a cui raccontare qualche storiella divertente e utile. Era infatti un maestro meraviglioso: non ti sgridava quasi mai, e più che altro faceva le domande e poi si rispondeva da solo. E alla fine avevi capito di avere imparato qualcosa di vero e importante.

Una volta mi raccontò una bellissima storia sull'amicizia: era una storia di quando lui era giovane e aveva conosciuto la ragazza, che poi sarebbe diventata sua moglie Santippe. Socrate aveva conosciuto Santippe una mattina d'estate vicino ad un ruscello e, come al solito, le aveva raccontato una storia. Era una storia bellissima proprio sull'amore e sulla gioia che danno le cose belle. Immaginatevi Santippe: ovviamente si innamorò subito di quello strano ragazzo che non smetteva mai di parlare. Poco dopo Socrate e Santippe si sposarono.

Passarono molti giorni di vera felicità per i due sposi: molto spesso gli amici di Socrate si fermavano a mangiare da lui e rimanevano fino

a tardi a chiacchierare e a gustarsi i piattini che preparava Santippe. Ogni giorno la casa si riempiva di nuovi amici e fino a sera si stava in allegra compagnia.

Qualche mese più tardi Socrate e Santippe decisero di cominciare a costruirsi una casetta tutta per loro, magari in campagna: una casetta semplice con un giardinetto e una verandina. Socrate allora sparse la voce tra i suoi amici, con la speranza che qualcuno si decidesse a dar loro una mano: i lavori erano tanti e a lui sembrava normale ricevere un aiuto da parte di quelli che tutti i giorni venivano a casa sua. Ma i lavori erano pesanti e gli amici di Socrate a poco a poco smisero di andare da lui... erano troppo pigri e troppo egoisti.

La parola "amico" troppo spesso viene usata a torto. È sempre utile ricordare il noto detto secondo cui gli amici veri si scoprono nel momento del bisogno.

A Socrate e a sua moglie non restò che rimboccarsi le maniche e fare tutto da soli. Dopo qualche tempo la casa era finita ed era proprio carina: un bel portoncino verde e delle allegre pareti tutte gialle. Peccato che fosse così piccola! Ma per Socrate e Santippe bastava... Stavano talmente bene in quella campagna incantevole e con quel giardino pieno di fiori!

Un giorno, passò a di lì uno dei vecchi amici di Socrate, bussò ed entrando disse: "Ciao, Socrate! È questa la tua casetta? Ma è piccolissima!".

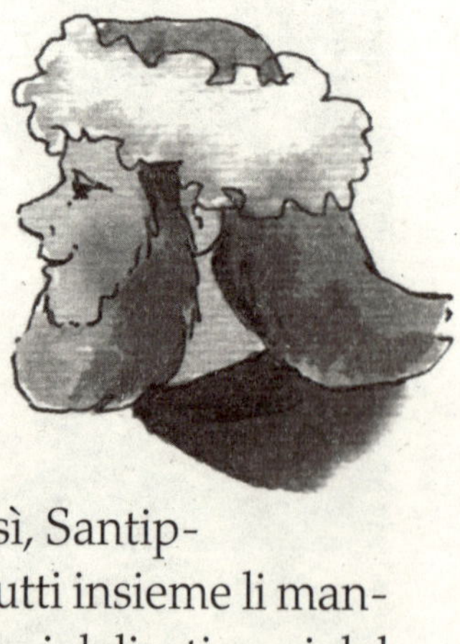

"Per noi due è più che sufficiente, sarebbe stata molto più grande, se avessimo avuto amici veri con cui riempirla!" ribatté Socrate filosoficamente. Ma Socrate era anche una persona profondamente buona e onesta e non gli andava di fare l'arrabbiato... Così invitò l'amico a pranzo. Eh, sì, Santippe aveva preparato dei deliziosi polipetti al sugo e tutti insieme li mangiarono sulla grande panca in giardino proprio sotto i delicati rami del melo in fiore.

La volpe e l'uva

C'era una volta una bella volpe grassoccia. Viveva in un bellissimo bosco vicino a una grande fattoria con splendidi vigneti. Era sempre stata molto fortunata. Riusciva sempre a trovare qualcosa di buono da mangiare e viveva felice e contenta in una bella tana ai piedi un antico castagno. Ma da qualche giorno la volpe non riusciva più a trovare niente da mangiare e la sua pancia cominciava a borbottare un po' troppo. "Che fame! Dunque vediamo… Che cosa mangerei se potessi? Torta di fragole, polpettine al sugo, patatine fritte... no, così non va! Bisogna ammetterlo… ora come ora mangerei anche i croccantini del gatto…! E invece non ho trovato neanche una bacca… neanche un funghetto! È ora di uscire prima di svenire tutta sola nella mia tana". Così la volpe cominciò a gironzolare aguzzando gli occhi, se mai vedesse qualcosina da mettere sotto i denti. Girò e girò finché non si trovò vicinissimo alla fattoria, nei paraggi del bel vigneto. Anzi era proprio sotto un bellissimo pergolato con dell'uva così matura, così lucida così succosa…

"Pancino mio preparati! Adesso faccio un salto e me la pappo tutta!" disse la volpe tutta felice. E hop! Un bel salto… non c'è che dire: ma l'uva rimaneva lì, immobile, in alto e la volpicina rimaneva sempre più affamata.

Questa favola è stata scritta per coloro che, non riuscendo a ottenere ciò che bramano, preferiscono disprezzarlo a parole.

"Accidenti. Sono un po' fuori allenamento… Ma adesso mi concentro e…". E niente. La volpe saltò tre, quattro, quindici volte ma l'uva era troppo in alto. Al sedicesimo tentativo, la volpe decise che era ora di tornarsene nel bosco in cerca di lamponi e zampettando via disse: "Mah… però, mi sa che non è ancora matura! Sì, è così… Poi ha un colore così strano! No… no, quest'uva non è ancora matura! Meno male che me ne sono accorta… sennò chissà che mal di pancia mi sarebbe venuto!". E così sgattaiolò via verso un bel boschetto dorato.

L'ASINELLO E IL CINGHIALE

C'era una volta, in un grande casolare in aperta campagna, un simpatico asinello. Si chiamava Gerardo, ma tutti gli amici lo chiamavano Gerry. Era stato l'ultimo acquisto di Padron Tonio alla fiera del bestiame e ancora non si era ben adattato alla vita di comunità che si svolgeva abitualmente nella fattoria. Fin da piccolo era stato uno spirito piuttosto ribelle e ancora non riusciva a capire il motivo per cui il padrone esigeva dai suoi animali sempre la massima collaborazione.

I giorni passavano e Gerry, anziché abituarsi a certe regole che, tutto sommato, non erano nemmeno tanto rigide, sentiva crescere dentro di sé il desiderio di avventurarsi fuori dal recinto che delimitava la proprietà di Tonio. Così un pomeriggio, con l'aiuto dei suoi compagni, che lo vedevano soffrire per quella convivenza obbligata, riuscì ad andarsene dal casolare.

In mezzo ai campi la vita gli sembrò molto più bella e degna di essere vissuta, si sentiva così autonomo e indipendente che gli pareva di avere la forza e l'audacia di un leone. Osservava con occhio beato la natura circostante, riflettendo sul fatto che lì non ci sarebbe stata voce di padrone a dirgli cosa si poteva fare e cosa no. Mentre passeggiava, pensando con orgoglio alla sua libertà riconquistata, da lontano vide avvicinarsi un grosso cinghiale selvatico. Alla vista dell'imponente animale gli balzò il cuore in petto, non per lo spavento o il timore, ma perché si sentì fiero di poter vivere all'aperto proprio come il cinghiale che egli ammirava tanto.

Dopo poco la belva gli fu davanti e Gerry, tutto baldanzoso, gli porse il saluto: "Salve, fratello".

Il cinghiale, non pensando affatto che un simile ossequio fosse rivolto a lui, continuò per la sua strada.

"Ehi, cinghiale, ho detto: salve, fratello" riprese Gerry con insistenza.

"Cosa dici? Fratello a me? Mi auguro che tu stia scherzando, sei solo uno stupido somaro, come pensi di essere scambiato per mio fratello?" rispose con occhi truci il cinghiale indignato.

"Beh, amico mio, forse non ci assomigliamo fisicamente, ma è la vita in libertà, senza leggi né catene che ci accomuna. Non trovi?" spiegò Gerry con calma.

"Questo lo dici tu, spero piuttosto che nessuno mi trovi a parlare con te, mi getteresti addosso un vero disonore!" disse il presuntuoso, guardando dall'alto in basso il povero somarello.

Non bisognerebbe mai giudicare le persone prima di averle conosciute!

"Allora, sai che cosa ti dico? Ti pensavo diverso: più cordiale e gentile, purtroppo mi sbagliavo. Comunque una cosa è certa: esiste lo stesso una cosa che ci accomuna" ribatté Gerardo, scuotendo la testa in segno di compatimento. "Ah, sì? E di che cosa si tratterebbe?" domandò il cinghiale curioso.

"La vedi questa? È la mia coda, ebbene: il tuo cervello ha la stessa forma e consistenza. Vedi dunque che ho ragione a chiamarti fratello!" concluse l'asino ridendo.

Il cinghiale quasi restò di pietra nell'udire una simile, audace risposta, tanto che non ebbe neanche la forza di ribattere. E infatti, a pensarci bene, quel grosso suino selvatico, solo per il fatto di aver fama di forte e coraggioso, si credeva superiore agli altri animali. E forse era proprio per questo motivo che veniva considerato un essere solitario: chi avrebbe voluto convivere con un antipatico simile?

I DUE MULI

C'erano una volta due muli. Lavoravano per lo stesso padrone in una bella fattoria dal tetto rosso e grandi stalle bianche: un giorno il vecchio padrone decise di fare una capatina al paese per vendere un po' di grano del raccolto e fare qualche spesuccia con i soldini dell'anno precedente. Quello che riusciva a risparmiare lo avrebbe messo in banca. Erano un bel po' di soldini... Il padrone li chiuse in due sacchetti di velluto e li caricò sul primo mulo. Poi prese altri due sacchi colmi di grano e cereali da vendere al mercato e li caricò sul dorso del secondo mulo. Com'erano pesanti! Ma il bel muletto grigio che li portava non si lamentava. Sapeva che era il suo lavoro e che era giusto così. L'unica cosa fastidiosa erano le chiacchiere continue del suo compagno mulo che invece portava i sacchettini delle monete:"Ah... come sono fortunato! Non solo non ho un carico pesante, ma porto oro sulle mie spalle! Che onore! Non come te, che stai sudando sotto il peso di due comuni, rozzi, pesantissimi sacchi di grano!".

L'altro mulo non rispondeva, ma andava avanti tranquillamente. Erano quasi arrivati, quando da dietro un cespuglio spuntarono due briganti che capirono subito la differenza tra i due carichi."Quei sacchetti di bel velluto di sicuro sono pieni di soldi!" pensarono i briganti, e in un lampo furono addosso al mulo che portava il carico più prezioso, mentre non si curarono per niente dell'altro muletto che se ne stava zitto zitto in un angolo.

Quando se ne furono andati e il padrone riprese tristemente la via del mercato, il mulo che aveva ancora i suoi sacchi concluse saggiamente"Volevo dirtelo, io: è meglio forse portare l'umile grano, che il superbo oro!". Ma visto che era un muletto molto sensibile decise di non fare troppo il sapientone con il suo compagno, che trottava col muso a terra per la troppa umiliazione.

La povertà, anche se è difficile da sopportare, molto spesso evita guai e pericoli a cui invece le grandi ricchezze sono sempre esposte.

LA PECORA, IL CANE E IL LUPO

Quel giorno il Fattore era veramente arrabbiato con il suo cane. Nell'ultima settimana erano spariti dalla dispensa dieci salsicciotti, due cosciotti di agnello e quattro pagnotte infarinate.

All'inizio il Fattore non pensava che fosse stato il cane, ma poi lo vide allontanarsi con fare sospetto con una grossa cotoletta in bocca.

"Ecco chi è stato! Dovevo capirlo…hai un pancione! Ma guardati, sei grassissimo!" sbottò il Fattore.

Il cagnolino che si vergognava un po' dei suoi furtarelli, ascoltò la sgridata a orecchie basse e poi scappò via, su per i prati.

Camminò per qualche ora attraverso i campi e, mentre sognava le carezze del padrone, si imbatté per caso in una pecorella nota per la sua timidezza e ingenuità. All'improvviso, vedendo la pecorella, al cagnetto venne un'idea, un piano perfetto per avere un pranzo assicurato, senza dover tornare a rubacchiare nella dispensa del fattore e senza doversi prendere tutte quelle sgridate.

"Ma ciao pecorella! Stavo cercando proprio te. Allora, hai pronte le cosine che mi dovevi restituire, le cose che ti avevo prestato?" disse il cane. "Di che cosa stai parlando?" rispose la poverina con la voce tutta tremolante. "Ah! Bene, vedo che fai finta di non ricordare! Ti sei forse dimenticata di quel pane che ti prestai qualche tempo fa? Mi hai detto che ti era piaciuto un sacco! Era grosso così e croccante da matti e con un profumino…" mentì spudoratamente il cane prepotente.

"Ma non mi ricordo proprio! In ogni caso sono certa di non aver debiti con te!" rispose Pecorella, cercando di vincere la paura.

"Eppure a me sembra proprio il contrario, anzi, se non ricordo male, riflettendoci bene, avevo aggiunto anche due salsicce…non mi sembrava bello darti solo il pane" insistette il cagnetto.

"Strano, davvero strano: io non mangio mai carne, di questo sono certa" replicò la pecora.

"Ma guarda che combinazione, sta arrivando Lupo, chiediamo a lui. Era testimone quel giorno, si ricorderà sicuramente di come sono andate le cose".

Il lupo, che era cattivissimo, capì al volo il tranello che era stato preparato a spese della pecora e rispose che non uno, ma due pani e quattro salsicce avrebbe dovuto restituire al suo amico. La povera pecorella, vedendosi minacciata da due animali tanto pericolosi, consegnò senza fiatare le due pagnotte e le quattro salsicce… e aggiunse anche una montagna di frittelle di mele.

Sai come si dice…chi la fa la aspetti!Soprattutto quando si fa del male a chi non si può difendere!

Lupo e Cane mangiarono tutto in un sol boccone… Ma poi la pecorella li vide da lontano… sembrava stessero saltando. Stavano saltando infatti… Ma per l'indigestione!

Pecorella, che aveva capito di essere stata ingannata e che in fondo in fondo era facile farlo perché lei era indifesa, non poté che sorridere e pensare che la cosa più divertente era che quei due prepotentoni si erano puniti da soli!

Il piccolo corvo e il pavone

C'era una volta un piccolo corvo nero, simpatico sì, ma un po' troppo superbo e vanitoso per accettare di essere un uccello qualunque.

Insieme ai suoi simili si trovava spesso a disagio perché era convinto di discendere da una nobile casata e trovava i compagni eccessivamente modesti per i suoi gusti. Li guardava sempre dall'alto in basso, con un'espressione di superiorità dipinta sul becco.

E intanto pensava: "Ma che cos'ho io in comune con questi banali corvi neri? Io farò qualcosa di grande, di meraviglioso, di unico... lo so, me lo sento".

Un giorno, stanco di dover sempre condurre quella vita noiosa e monotona in compagnia dei corvi, decise di andarsene in cerca di avventure. Così, disprezzando ingiustamente quelli che un tempo erano stati suoi amici, si avventurò per un sentierino che portava a una bellissima fattoria.

Zampettando zampettando, trovò per terra delle lunghe, coloratissime e delicate piume di pavone.

"Ma guarda che coincidenza: un uccello nobile e importante come me che si imbatte nelle piume di un pavone! Sarà un segno del destino. Vuol dire che in fondo, in fondo avrò l'anima di un superbo pavone in questo corpo di nero corvetto" si disse il corvo, felice del suo tesoro di penne.

Quindi, senza pensarci due volte, raccolse da terra il favoloso piumaggio e se lo sistemò come riuscì, un po' sulla coda, un po' sulla testolina. Poi volò verso un laghetto e tutto fiero di sé si specchiò nell'acqua, illudendosi di assomigliare davvero ad un pavone.

"Ehi, ma che meraviglia! Mi donano davvero queste piume di pavone! Nessuno potrebbe riconoscermi, bello come sono. Oh, potessero vedermi i miei compagni! Morirebbero d'invidia".

Allora, così ornato, si avviò alla fattoria, già pensando di andare a vivere coi pavoni veri. Ma appena arrivò i pavoni ridendo lo inseguirono beccandolo per un bel pezzo. Infatti, nonostante le lunghe piume colorate, non sarebbe riuscito a imbrogliare nessuno, con quel corpicino nero e quegli occhietti color arancione.

Il corvo che era tristissimo, decise quindi a malincuore di tornare dai suoi compagni, ormai convinto di non poter condurre un'esistenza diversa da quella che fino allora aveva avuto.

Non si può fingere di essere diversi da quello che si è! Solo così puoi capire quanto sei speciale!

"Ehm, amici... Sono tornato da voi e prometto che non vi lascerò più" disse appena arrivato, presentandosi con addosso ancora le penne di pavone. Ma i compagni non accettarono volentieri il ritorno del corvetto.

"Non ti piaceva vivere con noi e non ti piaceva neanche essere un corvetto! E ora torni qui mascherato da pavone! Credevi di essere meglio di noi e ora per castigo ti diciamo di tornare quando avrai la modestia di accettare quello che sei!" gli risposero gli amici. Corvo si allontanò tutto triste: in fondo quella lezione gli serviva proprio!

LA VOLPE E LA CICOGNA

Una bella cicogna dal lungo becco affilato e dalle lunghe zampe d'oro viveva in una bella casetta piena di sole, proprio vicino alla grande fattoria degli animali.

Le piaceva starsene in pace seduta sulla sua verandina a godersi il freschetto della sera e gli splendidi tramonti della sua vallata. Un pomeriggio d'estate venne a trovarla la piccola volpe rossa che abitava proprio dall'altra parte della strada: le due amiche passarono un bellissimo pomeriggio, chiacchierando allegramente e spettegolando un po'.

Si era fatto tardi e nel cielo pulito facevano capolino le prime stelle: la volpicina stava quasi per tornare alla sua casuccia, ma si era così divertita...."Senti, perché non vieni a mangiarti qualcosina da me... Ho un brodino che è una favola! Preparato con verdurine freschissime... E servito con croccanti crostini crunch".

"Oh...ma è meraviglioso! Adoro i crostini caldi caldi! Aspetta che chiudo tutto e arrivo!" disse la cicogna già pregustando una bella cenetta in compagnia.

Appena arrivate a casa della volpe, la cicogna si sedette tutta composta a tavola:"E voilà, la cena!"canticchiò la volpe. E sarebbe stata una cenetta fantastica, se la volpicina non avesse usato i suoi piatti preferiti. Erano di una porcellana bianca finissima con una decorazione di pallidi tralci d'uva... perfetti per una volpicina elegante, ma non per la povera cicogna becco-lungo. Il brodino rimase tutto nel piatto: la cicogna non riusciva proprio a gustarselo. Il piatto era troppo piano e il suo becco troppo lungo e affilato. Il brodino sgusciava via e anche i crostini erano troppo grandi e un po' bollenti... Così, con un pizzico di delusione, la cicogna tornò a casa, ai suoi piattini alti e stretti come simpatici vasi colorati. Però prima di andarsene la cicogna disse "stasera non ho tanta fame (era comunque una cicogna educata e non voleva offendere l'amica), ma domani, se ti va, vieni tu da me... Preparo la mia super lasagna tre colori".

"Oh...certo. Ma tu non hai mangiato niente. Ti incarto una focaccina?".

"Ma no, non preoccuparti! A domani!".

E la volpicina chiuse la porta chiedendosi che cosa avesse l'amica. Poi saltellando si infilò nel lettino pensando alla super lasagna del giorno dopo.

La sera arrivò presto e la volpicina era già seduta sul suo sgabello: la cicogna sfornò la sua lasagna tre colori... Mmm, che profumino delizioso! Ma la lasagna fu servita nei vasi lunghi e coloratissimi che la cicogna usava per i suoi pranzetti: la povera volpe tentò e tentò... Tirò fuori una lingua lunghissima, ma niente! Rimase a bocca asciutta e capì che l'amica voleva insegnarle una verità profonda: non si può pensare solo a se stessi, no? Bisogna fare uno sforzo, anche se piccolo, e immaginarsi un po' nei panni degli altri... Solo così si può essere amici migliori e perfetti padroni di casa!

È proprio da questa favola che ha avuto origine il famoso detto: "Chi la fa, l'aspetti!".

Il calzolaio diventa medico

C'era una volta un calzolaio. Era davvero bravissimo: sapeva fare eleganti sandali da signora e robusti scarponcini per i bimbi. Ma da un po' era arrivato in città un altro calzolaio, che faceva scarpe meno belle, ma anche meno costose. Così in poco tempo il bravo calzolaio si trovò senza clienti e dovette abbandonare la sua casetta e il suo negozio per cercare fortuna altrove. Dopo diverse ore di cammino, giunse in un bel paesino di collina. Si fermò per qualche minuto nella piazzetta principale e si mise ad ascoltare i discorsi degli uomini che lì si riunivano per fare quattro chiacchiere.

"Hai saputo che è morto il medico? Non c'è nessuno che possa sostituirlo, se qualcuno dovesse ammalarsi sarebbe proprio un bel guaio" diceva uno. "No, non è morto, è fuggito, ma comunque il problema non cambia: siamo senza dottore" concluse un altro.

Già, l'argomento della settimana era proprio quello: la misteriosa sparizione del dottore.

"Scusate se mi intrometto, senza volerlo ho ascoltato quanto stavate dicendo. Non ci crederete, io sono un medico e sto anche cercando lavoro" disse allora il calzolaio senza pensarci due volte.

In breve tempo, non si sa come, il vecchio calzolaio acquistò nel piccolo villaggio grande fama come dottore. Già, perché il calzolaio aveva fatto credere di aver inventato una pozione magica che serviva da antidoto per tutti i tipi di veleno esistenti al mondo.

Ma il re della piccola cittadina non era uno stupido e cominciò a sospettare che il calzolaio avesse detto una bella bugia. Allora si finse malato e fece chiamare a palazzo il ciabattino imbroglione.

"Ho saputo che hai inventato un antidoto per qualunque veleno".

"Sì, Maestà, si tratta di una pozione davvero incredibile. Non c'è veleno che la mia medicina non sappia sconfiggere".

"Bene, allora se quanto hai detto è la verità, ecco..." aggiunse il re, "in questo bicchiere c'è del veleno: bevi, poi con la tua medicina mi farai vedere come guarisci in fretta!" disse il re e diede al calzolaio una bella coppa piena di... succo di mirtilli. "Perdonatemi Maestà! Sono solo un ciabattino... e questa pozione è lucido da scarpe! L'unica cosa che può curare sono gli stivaletti! Una passata e tornano nuovi!".

"Mi spiace, ma la tua bugia era troppo grossa! Hai imbrogliato tantissime persone, deboli e ammalate e ora devi pagarla! In prigione, subito!" ordinò il re alle sue guardie.

Il calzolaio stette qualche tempo in prigione poi però il re che aveva due grossi buchi nella sue pantofoline d'oro lo fece chiamare, lo perdonò e lo nominò Gran Calzolaio di corte.

Meglio sempre essere noi stessi che fingerci qualcun altro...ancor più se siamo nei guai!

Il pastorello e la capretta

C'era una volta era ragazzino vivacissimo, con tante piccole lentiggini e una fossetta sul mento davvero simpatica.

Faceva il pastore e ogni giorno portava le caprette a pascolare dove l'erba delle valli era più verde, poi, quando il sole tramontava e scendevano le prime luci della sera, tornava a casa, portando il gregge a nanna nelle stalle.

Il padrone delle capre, all'arrivo del ragazzo controllava tutte le bestiole una per una e, se tutto era a posto, gli dava cinque monete di rame.

Quel giorno però le ore sembravano non passare mai: alle nove di sera in paese sarebbe iniziata la fiera, e il pastorello non voleva mancare per nulla al mondo. Ci si divertiva sempre tantissimo, si incontravano gli amici, si ballava, si mangiavano dolcetti in compagnia e allo scoccare della mezzanotte nel cielo stellato esplodevano le mille scintille multicolori dei fuochi artificiali... era uno spettacolo magnifico!

In lontananza si sentì il suono sordo delle campane che battevano le sette.

Finalmente venne il momento di radunare le capre e, il pastorello, tutto contento, si mise a chiamare e fischiare per riunire in fretta il gregge. Una alla volta le capre diligentemente si avvicinarono al ragazzo, attendendo il segnale del ritorno.

Quando tutte furono vicine, il pastorello iniziò a tornare a casa camminando il più velocemente possibile. Era quasi arrivato quando, guardando indietro, si accorse che mancava una capretta metà bianca e metà nera, che aveva sempre il brutto vizio di pascolare lontano dal resto del gregge. Senza aspettare oltre, prese a correre verso la vallata dove erano stati fino a poco prima e tutto agitato si mise a chiamare a squarciagola la capretta.

La vide in lontananza intenta a brucare l'erba come se nulla fosse: non si era proprio accorta di essere rimasta da sola nei campi. A un tratto, il pastorello, che quella sera non aveva molta pazienza, raccolse una pietra da terra e, per attirare l'attenzione dell'animale, gliela lanciò contro.

Che guaio! Il pastorello aveva rotto un cornino della capretta.

"Caprettina, ti prego, non dire nulla al padrone, altrimenti non mi darà le monete di rame e per punizione non potrò andare alla festa! Non fare neanche un beee… ti prego" chiese il pastorello dispiaciutissimo.

A volte vogliamo così tanto una cosa che faremmo di tutto per averla… anche le cose più sciocche!

Ma la capretta saggiamente rispose: "Se vuoi non dico niente, ma, purtroppo il mio corno parla da sé".

E infatti il padrone scoprì subito cos'era successo e, come previsto, il pastorello ricevette il castigo che meritava. La prossima volta avrebbe pensato un po' di più prima di agire!

Il cane e la bistecca

C'era una volta un cane grande, grosso e pasticcione. Aveva un fiuto incredibile… per i guai! Però voleva molto bene al suo padrone e lo seguiva dappertutto.

Anche in quella bella mattina d'autunno Cane stava trotterellando tranquillo tranquillo vicino al suo padrone che voleva dare un'occhiatina al mercato.

Il mercato piaceva tantissimo al nostro amico cane: c'erano così tanti colori, e che profumino! Eppoi ci scappava sempre qualche cosina da mangiare. Non so, un salamino, un panino, un po' di prosciutto.

La cosa migliore era il ritorno a casa: eh sì, il padrone era sempre di ottimo umore, camminava di buon passo fischiettando una canzoncina, e poi si fermava sotto il grande tiglio fiorito, a metà strada da casa e faceva merenda insieme al suo amico peloso.

Il padrone stendeva il suo mantello sul prato, si sedeva, e faceva metà di tutti i bocconcini col cane, poi si faceva un bel sonnellino appoggiato alla schiena pelosa del suo cane.

Ma quel giorno non andò tutto proprio liscio così come era sempre stato: al mercato il padrone aveva comprato delle mele profumatissime e del pesce freschissimo, una bella pagnotta calda e un ciambellone tutto zuccherato e non si era accorto che il cane, zitto, zitto, aveva rubacchiato una bella bisteccona succulenta.

"Non l'ho rubata" diceva tra sé e sé il cane ."Che potevo fare? Era lì, per terra…sarà caduta dal banchetto del macellaio! E ora è mia. Mmm… senti che carnina tenera! Prima me la pappo per benino, e poi mi rosicchio l'osso! È così grande! Devo solo aspettare che padrone faccia il suo pisolino. Altrimenti magari fa a metà anche di questa!".

Quando il padrone, sulla strada di casa si fermò sotto il solito tiglio e fece il suo riposino, Cane decise di andare vicino al laghetto

per bersi un po' d'acqua fresca e mangiucchiarsi in santa pace quel tesoro di bistecca.

Cane si avvicinò all'acqua limpidissima del laghetto e:"Ma non è possibile! Nel laghetto c'è un cane! È più grande di me...e anche lui ha una bistecca! È più grande della mia! E mi sta guardando! E che muso antipatico, che occhietti piccoli piccoli. Mamma diceva sempre di non fidarsi dei cagnetti con gli occhi piccoli... occhio piccolo, morso grosso, diceva sempre! Mi fissa! Ma è da maleducati fissare la gente così! Adesso gliene dico quattro... anzi gli prenderò la sua di bistecca! È più grande della mia!" disse il cane.

Ma come aprì la bocca per parlare la bistecca gli scivolò nell'acqua del laghetto.

"Che peccato! Uffa! Ma che strano! Anche il cane antipatico non ha più la sua! Pazienza! Poverino lui e poverino me!" concluse il cane che non aveva ancora capito che il cane che vedeva nell'acqua era solo il suo riflesso!

Allora con la codina tra le gambe, tutto triste, se ne tornò sotto il grande tiglio a prendersi almeno qualche coccola dal suo padrone.

L'ingordigia induce gli uomini a cercare di avere sempre di più, trovandosi con sempre meno in mano.

Il corvo e il viandante

Era un bellissimo pomeriggio estivo. Il sole brillava alto nel cielo, non c'era una sola nuvola e l'erba appena tagliata aveva un odorino speciale, tutto suo. Un uomo camminava lentamente, asciugandosi spesso il sudore sulla fronte bagnata, lungo una stradina sterrata. Era in viaggio da diverse ore e avrebbe voluto scambiare due parole con qualcuno. A un tratto il silenzio della valle fu interrotto da una vocetta: "Ehilà! Ciao, Ciao!".

L'uomo si guardò intorno. Ma non c'era proprio nessuno, solo prato, cielo, venticello e... piccolo corvo nero che se ne stava seduto come un pascià su un delicato alberello di ciliege. L'uomo alzò le spalle, ma, dopo un secondo, sentì di nuovo: "Ciao! Allora, non si risponde?" disse il corvetto che era un vero impertinente.

"Ma allora c'è qualcuno qui!" disse l'uomo, contento di poter scambiare quattro chiacchiere. Si fermò, si girò, ma anche questa volta sulla via non c'era un'anima, tranne il solito corvetto sull'albero.

"Non sarà uno spiritello? Uno di quelli che girano nei boschi e fanno gli scherzetti?" disse l'uomo un po' spaventato. Ma in fondo in fondo aveva smesso di credere a queste cose molti e molti anni prima. Purtroppo.

Allora l'uomo riprese il suo viaggio, deluso per il fatto di non aver visto proprio nessuno. Ma in quel momento ecco che il corvo si alzò in volo e con espressione allegra si posò proprio sulla spalla del viandante!

"Ma ciao!" gli ripeté, svelando così il mistero. Già, si trattava di un corvo parlante e, probabilmente, come l'uomo, voleva chiacchierare un pochino.

"Ah, sei tu il maleducato che continuava a interrompere il mio cammino!" rispose l'uomo con tono seccato. "Guarda che ho fretta! Non ho tempo io, da perdere in queste sciocchezze! Corvi che parlano, spiritelli del bosco…cose da favole! Cose da bambini!" concluse con antipatia, andandosene senza aggiungere altro.

Il corvo deluso tornò sul suo ramo, a godersi il profumo dei mille fiori bianchi del suo ciliegio e pensando quanto sia triste la vita di colui che vive senza sognare almeno un pochino… Sì anche di corvi che parlano, di draghi e di tesori, di nuvole che sorridono e di eroi che diventano stelle brillanti nel cielo.

Le persone meschine e presuntuose non vogliono avere rapporti con gli umili e i modesti, mentre spesso sono proprio questi ultimi a fornire la maggior ricchezza di sentimenti.

IL LEONE È INVECCHIATO

C'era una volta un magnifico leone. Era stato un fantastico cacciatore, aveva corso per mille praterie, aveva affrontato con onore mille sfide e si era addormentato ogni sera accarezzato dal vento delle montagne.

Ormai Leone era stanco: non si sentiva più così agile e la sua corsa non era più così veloce. Stava diventando vecchio e pensava che fosse giusto lasciare spazio ai leoncini giovani e coraggiosi che adoravano ascoltare le storie delle sue incredibile avventure.

Un giorno, mentre Leone stava tranquillamente godendosi un tramonto tutto d'oro sulla cima della sua collina preferita quando vide arrivare Bue, Cavallo e Asino.

Leone sbuffò. Li conosceva bene: erano di sicuro venuti a fargli qualche scherzetto.

Infatti Bue si avvicinò a Leone e gli sbuffò sul muso, mentre Cavallo gli faceva le boccacce. Leone stava perdendo la pazienza, aveva capito che lo prendevano in giro perché era vecchiotto e non poteva difendersi come avrebbe fatto qualche anno prima e persino il suo ruggito sembrava più fioco.

"Che tristezza!" pensava Leone "e pensare che li ho visti cuccioli, ma tutto era diverso allora nella foresta...gli animali rispettavano i più anziani e li onoravano! Mentre adesso posso solo sopportare!".

Leone si girò e vide che dietro a Bue e Cavallo, Asino stava ragliando una canzoncina stupidissima: "Leone Leone vecchio poltrone, sei più lento di un tartarugone". Leone era stato fin troppo gentile, ma era ora di dare una lezione a questi tre, soprattutto all'asinello (Leone detestava veramente le canzoncine con delle brutte rime).

Quindi Leone si alzò con calma, la sua criniera ondeggiava al vento, i suoi occhi scintillavano: in un balzo fu vicinissimo al muso dell'asino e gli sussurrò: "Asinello Cattivone ti pappo in un boccone, asinello maleducato ti ho già masticato!".

L'asinello restò immobile, ma era terrorizzato. Cavallo e Bue non muovevano neanche un'unghietta. "Buh!!!" fece Leone, neanche tanto forte. Asinello, Bue, Cavallo scapparono all'indietro come granchi marini, mentre la luna guardava con tenerezza vecchio Leone che aveva saputo ancora una volta difendersi con tanta intelligenza.

I vili e gli ignoranti
non oserebbero mai affrontare
un potente, per questo
si fanno coraggio solo quando
il potente ha perduto
l'antico prestigio.

INDICE

Stampa PRINT - Italia
Marzo 2007